THE SALER

CORRENTI INCROCIATE 3

More poetry from the English-speaking world
translated by students of the Humanities Department
of the University of Salerno

Altre poesie del mondo anglofono tradotte dagli
studenti del Dipartimento di Studi Umanistici
dell'Università di Salerno

Edited by / a cura di
Linda Barone, Siria Guzzo e John Eliot

MOSAÏQUEPRESS

First published in 2023

MOSAÏQUE PRESS
Registered office:
70 Priory Road
Kenilworth, Warwickshire
CV8 1LQ

All English poems are the Copyright © of their Authors
All Italian translations are the Copyright © of their Translators

The right of the copyright holders to be identified as the authors of this work has been asserted in accordance with Section 77 of the Copyright, Designs and Patents Act 1998.

Series editor: John Eliot
Additional translation: Linda Barone, Sara Pallante

Cover illustration: *Daisies in Spring Sunshine* (oil on board)
Copyright © Nia MacKeown 2023

All rights reserved. No part of this publication may be reproduced, stored in a retrieval system, or transmitted in any form or by any means, electronic, mechanical, photocopying, recording or otherwise, without the prior permission of the publisher.

ISBN 978-1-906852-65-8

Translating is an art: a minor miracle occurs every time a literary text, whatever its value, is reborn in another language. We all know that poetry is by definition untranslatable; but even prose literature exists on the untranslatable margins of language. The literary translator therefore commits himself to translating the untranslatable.

Tradurre è un'arte : il passaggio di un testo letterario, qualsiasi sia il suo valore, in un'altra lingua richiede ogni volta un qualche tipo di miracolo. Sappiamo tutti che la poesia in versi è intraducibile per definizione; ma la vera letteratura, anche quella in prosa, lavora proprio sul margine intraducibile di ogni lingua. Il traduttore letterario è colui che mette in gioco tutto se stesso per tradurre l'intraducibile.

— Italo Calvino

Contents / Indice

- 8 — Introduction / Prefazione
  Sara Pallante

- 16 — Colourfuel / Colorante
  Annie Wright

- 18 — Orpiment / Orpiment
  Annie Wright

- 20 — Winter Evening 1956 / Sera d'inverno 1956
  Annie Wright

- 24 — Fortune / Fortuna
  Ha

- 26 — Aunt Ba's Jackfruit Tree / L'albero di jackfruit della zia Ba
  Ha

- 28 — The Watch / L'orologio
  Lidija Dimkovska

- 30 — Suitcases / Valigie
  Lidija Dimkovska

- 34 — zooming footsteps / passi in avvicinamento
  Gabor Gyukics

- 36 — mystique movements / movimenti mistici
  Gabor Gyukics

- 38 — Mary Timney's Rope / L'impiccagione di Mary Timney
  Peter Roberts

- 40 — Morecambe Bay, 5th February 2004 / Morecambe Bay, 5 febbraio 2004
  Peter Roberts

- 42 — Night Owling / Animale notturno
  Peter Roberts

44 Revolution 30th January 1969 /
Rivoluzione, 30 gennaio 1969
Peter Roberts

46 The renovation near Sansepolcro /
Il restauro vicino Sansepolcro
Martyn Crucefix

48 The lovely disciplines / Le piacevoli punizioni
Martyn Crucefix

52 On night's estate / Nella tenuta della notte
Martyn Crucefix

56 Incomplete Sea / Mare incompleto
Károly Bari

58 In the Manner of Mas'ud-i Sa'd-i Salmān /
Alla maniera di Mas'ud-i Sa'd-i Salmān
Károly Bari

60 Snowfall / Nevicata
Károly Bari

64 Smoke-Roots / Radici di fumo
Károly Bari

66 Changes of Address / Cambi di indirizzo
Philip Gross

68 Windfarm at Sea / Parco eolico in mare
Philip Gross

70 Mappa Mundi / Mappa mundi
Philip Gross

74 Poem 1 / Poesia 1
Sebastian Stefan Coman

| 76 | Poem 2 / Poesia 2
Sebastian Stefan Coman |
| 56 | Poem 5 / Poesia 5
Sebastian Stefan Coman |
| 80 | Goshawk / L'astore
Stewart Sanderson |
| 82 | Flowering Hawthorn / Biancospino in fiore
Stewart Sanderson |
| 84 | The Crab Tribe / La stirpe del granchio
Stewart Sanderson |
| 86 | Unheard Stories / Storie inascoltate
Kelly Kaur |
| 88 | The Justice of Death / La guistizia della morte
Kelly Kaur |
| 90 | A Good Drowning / Un buon annegamento
Donald Adamson |
| 92 | Anna in her Garden / Anna nel suo giardino
Donald Adamson |
| 94 | Lenin in Capri / Lenin a Capri
Donald Adamson |
| 96 | Tresbon Compri / Tresbon compri
Donald Adamson |
| 98 | Sunset on the Horizon / Tramonto all'orizzonte
Sue Guiney |
| 100 | Sandals on a Porch / Sandali in veranda
Sue Guiney |
| 102 | Trading in the Vespa / Barattando la Vespa
Sue Guiney |
| 104 | Kali Goddess Inside / Dea Kali dentro
Elizabeth Uter |

106 When Darkness Rushes / Quando l'oscurità irrompe
   Elizabeth Uter

110 How Many Feet? / Quanti piedi?
   Elizabeth Uter

112 From an Armchair / Da una poltrona
   Christopher North

114 The Smudge of Andromeda / La macchia di Andromeda
   Christopher North

116 Sudden Jazz after Interesting Paperback /
   Improvviso jazz dopo una lettura interessante
   Christopher North

118 The Poets / I poeti

124 Acknowledgements / Ringraziamenti

Creative collaboration: author and translator

An introduction by Sara Pallante

Literary translation, especially poetry, is a daunting challenge for students no matter how passionate they are about their studies. How do you approach translating poetry without guidance from the kind of experience only time can bring? If it is true that even the most experienced translators often feel they could improve their work when they re-read it years later, then surely a student, who is still learning and pondering their task, could be forgiven for feeling discouraged.

This and other questions crossed my mind when I was asked to write the introduction for the third edition of *Correnti incrociate* – a translation project I am particularly fond of, the result of a collaboration between Mosaïque Press and the University of Salerno.

A translator's initial steps are guided by academic studies on translation, of which there are plenty. Ironically, it is while studying that the complexities and contradictions of translation become most apparent. The apprentice starts becoming acquainted with translation strategies, with the concepts of loss and compensation, but also with other more alarming notions such as faithfulness to the source text and the translators' responsibility and loyalty.

One of the few cornerstones to reassure the student is the recognition that it's impossible to achieve perfect equivalence in literary translation. Why? What differentiates a literary text from any other text? Lotman (1977:10) suggests the abundance of connotation over denotation as an answer. In literature, words escape objective and neutral meanings; they are invested with emotional nuances, metaphorical and evocative charges. This makes their relationship to what they stand for complex, and the translator's task more arduous.

This point is particularly true when it comes to poetry. From the

Collaborazione creativa: autore e traduttore

An introduction by Sara Pallante

La traduzione letteraria, specialmente quella poetica, è una sfida ardua anche per gli studenti più appassionati. Come si può affrontare la traduzione poetica senza alle spalle un'esperienza di anni a guidarti? Se è vero che perfino il traduttore esperto vorrebbe cambiare il suo lavoro rileggendolo a distanza di anni, come può uno studente di traduzione letteraria alle prime armi, che si sta formando e che si interroga sul suo compito, non scoraggiarsi?

Quando mi è stato proposto di scrivere l'introduzione per il terzo numero di *Correnti incrociate*, progetto di traduzione a cui sono particolarmente legata, frutto della collaborazione tra Mosaïque Press e l'Università di Salerno, mi sono posta queste e altre domande.

I primi passi dell'aspirante traduttore sono guidati dai molti studi accademici pubblicati sul tema. Ma paradossalmente è durante questa fase che le complessità e le contraddizioni della traduzione diventano più evidenti. Si inizia a familiarizzare con alcune strategie traduttive, con i concetti di perdite e compensazioni, ma anche con altre nozioni più allarmanti come la fedeltà al testo di partenza e la responsabilità e lealtà del traduttore.

Uno dei pochi punti fermi a rassicurare lo studente sarà l'impossibilità della perfetta equivalenza in traduzione letteraria. Perché? Cosa differenzia un testo letterario da un qualsiasi altro testo? Lotman (1977:10) propone come risposta l'abbondanza della connotazione rispetto alla denotazione. Le parole sfuggono ai significati oggettivi e neutrali, si rivestono di sfumature emotive, cariche metaforiche ed evocative, il loro rapporto con il referente si fa più complesso rendendo arduo il compito del traduttore.

Ancor di più se si tratta di poesia. Dall'etimologia della parola,

etymology of the word, in fact, we know that "poetry" refers to a creative act. Rather than limiting itself to narrating events, poetry is an art form in which the formal aspect of composition plays a crucial role because it contributes to conveying meaning. The ability of the poet consists of being able to entrust the elusive and fragile nature of emotions to a form that can make them tangible.

It goes without saying that behind every poetic composition there is care, dedication, aesthetic and formal research. Figures of sound, attention to metrical rules – or deliberate disregard for them – repetitions and rhetorical figures are tools that the poet employs and harmonises to create a text with intensity and evocative power.

The first task of the translator is to interpret the semantic density of the poetic text and then try to render it in another language, while preserving – as far as possible – the source text's aesthetic value, style and formal aspects. As a translator, you have to reflect, to ask yourself many questions, and to have some linguistic sensitivity and dexterity. You have to be both interpreter and author, not of an equivalent text, but as Jakobson (1966:238) reminds us, of a "creative transposition".

It is never an easy job, all the more if you are just starting out. My way of talking about it is to refer to my own experience and briefly explain why I find the collaboration between author and translator crucial.

Not long ago, as a student, I took part in several translation workshops organised at university as part of Professor Barone's inspiring courses. During the workshop activities, I had the opportunity, together with my colleagues, to interact with poets, to translate their texts and, above all, to ask them questions often arising from the structural differences between Italian and English. Italian, for example, specifies different grammatical information. In some cases, even a mere sequence of adjectives in English can be challenging because it is not always clear which gender the poet is referring to.

infatti, sappiamo che "poesia" si riferisce a un atto creativo. Più che limitarsi a narrare eventi, la poesia è una forma d'arte in cui l'aspetto formale della composizione ha un ruolo cruciale perché contribuisce a veicolare significato. L'abilità del poeta consiste nel saper affidare l'elusiva e fragile natura delle emozioni a una forma adatta a dargli concretezza.

Va da sé che dietro ogni componimento poetico vi sia cura, dedizione, ricerca estetica e formale. Le figure di suono, l'attenzione o volontaria noncuranza per le regole metriche, le ripetizioni e le figure retoriche sono strumenti che il poeta impiega e armonizza per creare un testo che possa avere intensità e potenza evocativa.

Al traduttore spetta innanzitutto il compito di interpretare la densità semantica del testo poetico per poi cercare di renderlo in un'altra lingua rispettando al tempo stesso (e per quanto possibile) il valore estetico, lo stile e gli aspetti formali del testo di partenza. Bisogna quindi che il traduttore ragioni, si ponga molte domande al momento di interpretare e tradurre, e abbia una certa sensibilità e abilità linguistica. Che sia, dunque, al tempo stesso interprete e autore non di un testo equivalente, ma come ricorda Jakobson (1966:238), di una sua rielaborazione creativa.

Non è mai un lavoro semplice, ancor di più se si è agli inizi. Il modo che ho per parlarne è far riferimento alla mia esperienza e spiegare in breve perché trovo che la collaborazione tra autore e traduttore sia fondamentale.

Non sono passati molti anni da quando da studentessa ho potuto partecipare a diversi laboratori di traduzione organizzati all'Università durante gli appassionanti corsi della professoressa Barone. Durante le attività di laboratorio ho avuto modo, insieme ai miei colleghi, di interagire con gli autori delle poesie, di tradurre i loro testi e, soprattutto, di porgli domande, spesso dovute alle differenze strutturali tra l'italiano e l'inglese. L'italiano, infatti, specifica informazioni grammaticali diverse e in alcuni casi anche una semplice sequenza di aggettivi in inglese può presentare una sfida perché non è sempre chiaro a quale genere il poeta si stia riferendo.

I remember having doubts about lines in John Eliot's 'Thoughts of a Young Woman' (2020:30-31): 'Taken, abandoned, desolate, in four walls;/alone with the crowd named insane'. Okay, I thought, is he referring to a woman or a man? The context doesn't give any clues. Without that opportunity to talk to the author, I would never have known, and the translation, 'Presa, abbandonata, desolata, tra quattro mura;/ sola tra la folla, chiamata pazza', would have been only a guess.

Getting the poet's explanations on technicalities was certainly a big help, but our dialogue turned out to be something even more stimulating and profound. Besides resolving doubts of interpretation, talking with the authors allowed me, if not exactly to relive the creative act, as Steiner would say (1975:346-47), at least to understand something more about their creative process and the context of the poetic composition.

I have learned that asking a poet about the meaning of their lines can lead to both very technical and detailed answers, as well as more abstract and meditative digressions that seem not to answer the question directly, but which describe personal experiences, moments of inspiration, places, people, events that led to the composition of a particular verse. The more information you gather, the more the poem becomes alive and multifaceted, enriched with new nuances and new meanings.

Not only for the translator, but also for the author, this act of exchange and sharing can be fascinating. On the one hand because through translation, poetry opens up to a new audience; on the other hand, because the author can control and witness a process of interpretation and creative transformation of their own work. The final product will never be perfectly the same as the initial text, but it can acquire new and different phonic, graphic and semantic potentialities.

Consider this example from the poem 'Sound of Grass' by John Eliot (2020:24-25): 'Understanding grass/and Philip Glass'. The rhyme between the surname 'Glass' and 'grass' would have been difficult to achieve in Italian, so as the translator, I opted to

A questo riguardo ricordo di aver avuto dei dubbi su alcuni versi di "Thoughts of a Young Woman" di John Eliot (2020:30-31): "Taken, abandoned, desolate, in four walls;/ alone with the crowd named insane". Sta parlando di un uomo o di una donna, ho pensato? Non c'era modo di saperlo dal contesto e se non avessi avuto la possibilità di confrontarmi con l'autore, la mia traduzione, "Presa, abbandonata, desolata, tra quattro mura;/ sola tra la folla, chiamata pazza", sarebbe stata soltanto un'ipotesi.

Ricevere spiegazioni dai poeti su alcuni tecnicismi è già un grande aiuto, ma il confronto si è rivelato qualcosa di ancor più stimolante e profondo. Oltre a risolvere dubbi di interpretazione, il dialogo con gli autori mi ha permesso se non proprio rivivere l'atto creativo come direbbe Steiner (1975:346-47), almeno capire qualcosa in più sul processo creativo e sul contesto di composizione delle poesie.

Ho imparato che chiedere a un poeta il significato dei suoi versi può portare sia a risposte molto tecniche e dettagliate, sia a digressioni più astratte e meditative che paiono non rispondere direttamente alla domanda, ma che descrivono esperienze personali, momenti di ispirazione, luoghi, persone, eventi che hanno portato alla composizione di un determinato verso. Più informazioni si raccolgono, più la poesia diventa viva e poliedrica, si arricchisce di nuove sfumature e nuovi significati.

Non solo per il traduttore, ma anche per l'autore stesso tale atto di scambio e condivisione può rivelarsi affascinante. Sicuramente perché tramite la traduzione la poesia ha la possibilità di aprirsi a un nuovo pubblico, ma anche perché l'autore può controllare e assistere a un processo di interpretazione e trasformazione creativa del proprio lavoro, il cui prodotto finale non sarà mai perfettamente uguale al testo iniziale, ma può acquisire nuove e diverse potenzialità foniche, grafiche e semantiche.

Per spiegarlo faccio riferimento ad un esempio tratto dalla poesia "Sound of Grass" di John Eliot (2020:24-25): "Understanding grass/and Philip Glass". La rima tra il cognome "Glass" e "grass" (erba) sarebbe stata difficile da rispettare in italiano, per cui la

dispense with it but to compensate with an internal alliteration that was not in the original text (fili/Philip): 'Capire i fili d'erba/e Philip Glass'. It filled me with joy (and relief) to know that the author approved of it!

Hence, as a translator, you make personal choices, but you're always mindful of a duty, a loyalty to the source text and the author's intentions. I believe this is also the guiding principle of this new collection: author and translator united in a process of creation and recreation of the poetic text.

[Sara Pallante is a PhD student in English Literature at the University of Salerno. Her research interests mainly concern Modernism and its relationship with mass culture. In 2020, she participated in the editing and translation of John Eliot's poetry collection Canzoni del venerdì sera *(Mosaïque Press). She also contributed to the translation of the volume* Poems by Ralph Pite *(2022) edited by Linda Barone and Vincenzo Salerno.]*

strategia adottata è stata quella di rinunciarvi per poi compensare
con un'allitterazione interna non presente nel testo originale (fili/
Philip): "Capire i fili d'erba/e Philip Glass". Aver l'approvazione
dell'autore è stato davvero fonte di gioia (oltre che sollievo)!

Il traduttore compie quindi scelte personali ma sempre dettate da
un senso di lealtà al testo di partenza e alle intenzioni dell'autore.
Credo questo sia il principio guida anche di questa nuova raccolta:
autore e traduttore uniti insieme in un processo di creazione e
ricreazione del testo poetico.

*[Sara Pallante è una dottoranda in Letteratura inglese presso
l'Università degli Studi di Salerno. I suoi interessi di ricerca riguardano
principalmente il Modernismo e il rapporto che stabilisce con la cultura
di massa. Nel 2020 ha partecipato alla curatela e alla traduzione della
raccolta poetica* Canzoni del venerdì sera *di John Eliot (Mosaïque
Press). Ha inoltre contribuito alla traduzione del volume* Poesie *di
Ralph Pite (2022) a cura di Linda Barone e Vincenzo Salerno.]*

Colourfuel
Annie Wright

(for Frances)

Craftwork stalls in a gloomy hall,
the usual I neither want nor need.

About to leave we spot a corner riot
of colour, alive with the dust and musk

of Africa, cloths on the ground, mounds
of spices in simmering hues, cinnamon,

ginger, cayenne, paprika, chilli.
Purses, wallets, specs cases, jewellery

rolls and mats patched in vibrant cottons
that seem to shimmer in midday heat.

Drawn to browse, I swear I hear donkeys
bray, hobbled camels moan and spit

as they stand or shift on burning sand.
Fabrics are Kenyan, brought by an ex-pat

daughter, the surprise maker a friend.
Spotting cosies for cafetieres, he offers

to buy me one. I let him choose. Birds
and fish, zigzags, dots, spirals, stripes and

swirls, crazy patterns so hot even blues
are off the boil jazzy. Colours explode,

perfect to light up dreich days. The lining's
scotch bonnet red, quilted with turmeric

Colorante
Traduzione di Rosa De Falco

(per Frances)

Banchetti d'artigianato in una grigia saletta,
proprio quello che non voglio né mi serve.

Andando via scoviamo un tripudio di colori,
un angolino animato da pulviscolo e muschio

d'Africa, tele in terra, pile
di spezie di tinte intense, cannella,

zenzero, pepe di cayenna, paprika e peperoncino.
Borsette, borsellini, custodie per occhiali, portagioie

piegabili e tappetini rattoppati dai tessuti brillanti,
che sembrano luccicare nel caldo di mezzogiorno.

Spinta a curiosare, giuro di sentire asini ragliare,
 cammelli zoppicanti mugugnare e sputare

che in piedi stanno o sulla sabbia rovente vanno.
Tessuti keniani, importati da una figlia

espatriata, un amico che sorprende.
Notando i coperchi delle caffettiere, si offre di

comprarmene uno. Lo lascio fare. Uccelli
e pesci, a zig-zag, a pois, a spirali, a strisce e

vortici, folli fantasie così calde che perfino un malinconico blues
diventa uno sgargiante jazz. Un'esplosione di colori,

perfetta per illuminare giorni grigi e piovosi. La fodera
rosso pomodoro, trapuntata con un filo color

thread. A label's neatly sewn on the front,
COLOURFUEL. I recall determined women

walking barefoot through the souks, a woven
bowl on the head with a few tomatoes,

mango or eggs, rocket or okra to sell or barter
for handfuls of sorghum, durum, millet, fuel.

Orpiment
Annie Wright

A candle to enter, sir. Set it down
away from your face. Ignore the growling,
the bark's worse than the bite; she will settle.

We're lucid today sir, quite transparent.
When your eyes accustom, you might see the shine;
there are days she can still take your breath away.

Delusions? And some! *King's Yellow* we call her
with all her airs and graces. You name
the European court she hasn't dazzled in!

The only one fit for king's robes, angels' wings,
haloes and nimbuses, Egyptian sarcophagi, Doge's
robes; I could go on. Ah, I should tell you

we might lapse into Italian, old Italian,
or possibly Venetian. There's not a Tintoretto
Tiepolo or Titian we don't lay a claim to.

Watch how we introduce ourselves – there's a clue:
Konigsgelb, Rausch gelb, jaune Royal,
all better signs. *Arzicon, auripigmentum*,

curcuma. Sul davanti ricamata con cura un'etichetta,
COLORANTE. Ricordo di donne risolute

camminare a piedi nudi per i bazar, sulla testa
una cesta con qualche pomodoro,

mango o uova, rucola od okra da vendere o barattare
per un pugno di saggina, di grano duro, di miglio, di carburante.

Orpiment

Traduzione di Rosa De Falco

Signore, una candela per entrare. La metta giù,
lontano dal suo viso. Ignori il ringhio,
abbaia ma non morde; si calmerà.

Oggi siamo perspicaci signore, proprio cristallini.
Quando i suoi occhi si abitueranno, potrebbe scovare il luccichio;
ci sono giorni in cui ancora mozza il fiato.

Deliri? E tant'altro! *King's Yellow* la chiamiamo così
per la sua presunzione. Mi trovi una corte europea
che non n'è stata abbagliata!

L'unica degna di vesti da re, ali d'angelo,
aureole e nimbi, sarcofagi egizi, tuniche da Doge;
e potrei continuare ancora. Ah, vi avviso

potremmo passare all'italiano arcaico,
o forse al veneziano. Non c'è un Tintoretto
Tiepolo o Tiziano che non rivendichiamo.

Ci presentiamo; ecco un indizio:
Konigsgelb, Rausch gelb, jaune Royal,
tutti nomi belli. *Arzicon, auripigmentum*,

be on your guard. *Oropimento*, warning bells,
Giallo Reale, *Giallo del Re*, we're volatile,
Giallo di Arsenico, make your farewells.

She's sensitive about her face so if you don't mind,
don't spark her off. We don't want her erupting.
Her skin's crumbling to powder; we daren't wash her.

Take this scented handkerchief. I'll warn you
the stench in there is rotten eggs and urine.
Terminal, of course. Can't be much longer now.

A miracle she's here at all. Arsenic, sir.
One hundredth of the dose she calls her *ratsbane*
would be enough to kill off you or me.

Did I mention not to let her touch you?
Well, if she does, don't put your fingers
anywhere near your mouth. You'll go through

cleansing when you emerge. Don't overtire her;
two or three minutes. We owe her that. For all our madness,
in our day sir, I think we must have been sublime.

No, I'll be right here. Find the door and I'll let you out.
You're quite safe here with us sir, safe as a gold vault,
safe as the grave. You can enter now.

Winter Evening 1956
Annie Wright

Coats drip from hooks in a cellar kitchen
onto cardinal red tiles. They have just returned
from the market square. Her mother is boiling
cabbage and potatoes, has told the child to stay

bisogna stare attenti. Oropimento, campane d'allarme,
Giallo Reale, *Giallo del Re*, imprevedibili,
Giallo di Arsenico, dica addio.

E' suscettibile per la sua faccia, quindi se non le dispiace,
non la ineschi. Non vogliamo che esploda.
La sua pelle si sta riducendo in polvere, non osiam lavarla.

Prenda questo fazzoletto olezzante. L'avverto,
sprigiona un tanfo di uova marce e urina.
Certo, è venuto il suo tempo. Non ci vorrà ancora molto.

E' un miracolo che sia ancora qui. Arsenico, signore.
Basterebbe una minima quantità di ciò che è chiamato *veleno per topi*
per uccidere entrambi.

Le ho accennato di non lasciarsi sfiorare?
Beh, se lo fa, non avvicini in alcun modo
le dita alla bocca. Una volta uscito,

verrà purificato. Non la consumi troppo,
due o tre minuti. Glielo dobbiamo. Per tutta la nostra follia,
signore, penso che fossimo grandiosi ai nostri tempi.

No, io starò qui. Trovi la porta e la farò uscire.
Signore, qui con noi è al sicuro, come in una botte di ferro,
come la morte. Può entrare ora.

Sera d'inverno 1956

Traduzione di Assunta Anna Pia Roviello

I cappotti gocciolano dagli appendiabiti della cucina
su mattonelle rosso cardinale. Sono appena tornati
dalla piazza del mercato. Sua madre sta bollendo
cavolo e patate, ha detto alla bambina di stare

away from the stove, not to provoke the baby. Rain
is racing down the white walls. Her mother hates this,
has a longer name for it. The girl liked walking home
beside the pushchair, the rain's fresh smell, cold cheeks,

slippery cobbles. Outside a light flicks on. She looks up
at black railings, dark pavement, sees the amber beam
of the streetlamp pick out fine drizzle in gold stitches;
going home time, nearly daddy time. A woman

stops under the light wearing the most beautiful
shoes she has ever seen, high-heeled stilettos
in new yellow leather. As the woman pivots
the child sees perfectly straight stocking seams,

shapely ankles, calf-length coat, an umbrella
covering the top half. Dark shapes pass briskly,
collars up, hats hiding faces. A man rushes up
and stops. His brogues face her pointed toes.

Umbrellas furled, they kiss, not mummy-daddy kisses,
something much longer, more intense. She will not
remember the man's face, but the woman's hair
is blonde, finger waved. When they stop, he lights

two cigarettes, puts one between her scarlet lips.
They smoke as the pavement empties. When someone
walks past, they draw apart. Smoke drifts upwards,
ash falls. They stub the ends. She rubs red smudges

from his cheek and they walk away in different
directions. Their secret is safe – the child won't tell,
but she'll never forget a lingering kiss, yellow heels
in winter, the dark awakening of desire.

lontano dalla stufa, di non infastidire il piccolo. La pioggia
sta scorrendo lungo le pareti bianche. Sua madre lo odia,
ha un nome più lungo per definirlo. Alla ragazza piaceva
 passeggiare per la casa
accanto al passeggino, l'odore fresco della pioggia, le guance fredde,

i ciottoli scivolosi. Fuori una luce si accende. Lei alza lo sguardo
verso le ringhiere nere, il marciapiede buio, vede il bagliore ambrato
del lampione illuminare la pioggerella come punti d'oro;
è ora di andare a casa, è quasi ora di stare con papà. Una donna

si ferma sotto la luce indossando le più belle
scarpe che lei abbia mai visto, tacchi a spillo
in pelle gialla nuova. Mentre la donna si gira
la bambina vede le cuciture delle calze perfettamente dritte,

delle caviglie formose, un cappotto lungo fino al polpaccio, un
ombrello
che copre la parte superiore. Figure scure passano velocemente,
colletti alzati, cappelli che nascondono volti. Un uomo si
avvicina di corsa
e si ferma. Le sue scarpe stringate sono rivolte verso le dita
affusolate di lei.

Gli ombrelli si chiudono, si baciano, non baci alla mamma e papà,
qualcosa di molto più lungo e intenso. Lei non
ricorderà il volto dell'uomo, ma la donna dai capelli
biondi, ondulati. Quando si fermano, lui accende

due sigarette, ne mette una tra le labbra scarlatte di lei.
Fumano mentre il marciapiede si svuota. Quando qualcuno
passa, si separano. Il fumo sale verso l'alto,
la cenere cade. Spengono le sigarette. Lei strofina via le macchie rosse

dalla guancia di lui e vanno via in direzioni
opposte. Il loro segreto è al sicuro; la bambina non lo dirà,
ma non dimenticherà mai quel bacio durato a lungo, i tacchi gialli
in inverno, l'oscuro risveglio del desiderio.

24   Fortune
Ha

I am a daydreamer
Take a walk through
Life counts me by age
I count myself by dreams

God makes me a fooler
Fortune smiles upon me
Every morning get up
I am happy being alive
My resin is gratefulness

Fortuna

Traduzione di Letizia Esposito

Sogno ad occhi aperti
Passeggio per la vita
Che conta i miei anni
Ma io conto i sogni

Dio mi rende più folle
La fortuna mi sorride
Ogni mattina mi sveglio
Sono felice di essere in vita
La mia resina è la gratitudine

Aunt Ba's Jackfruit Tree
Ha

My jackfruit tree is ripe. Late
This year. Sometimes
It is like that,
Like a pig driving sulking at
Life. But it has never
Disappointed my house
In terms of sweet aroma.

Ah, every June, I crave a
Piece of jackfruit. To
Eat the whole fibre;
Even though it is hot as hell.

June has my aunt Ba's birthday, but
I forgot yesterday.
Wish Aunt Ba always
Firm and flexible
Like a jackfruit tree.

L'albero di jackfruit della zia Ba

Traduzione di Letizia Esposito

Il mio albero di jackfruit è maturo. In ritardo
Quest'anno. Qualche volta
È così,
Come un maiale che guida tenendo il broncio
Alla vita. Ma non ha mai
Deluso la mia casa
In quanto a profumo delizioso.

Ah, ogni giugno bramo
Un pezzo di jackfruit.
Per assumere le sue fibre
Anche con un caldo infernale.

A giugno è il compleanno della zia Ba, ma
Ieri l'ho dimenticato.
Possa la zia Ba essere sempre
Ferma e flessibile
Come un albero di jackfruit.

The Watch
Lidija Dimkovska

When he was six
he wrote to Santa
asking him for a wristwatch.

After his father's death
he found the letter
among the old photos.

Santa had brought him
an encyclopedia with a faded cover
listing sixty questions about time.

He had forgotten about that letter,
but for years kept collecting
wristwatches.

His children play with them –
a watch repairer's, a jeweller's,
an antiques shop.

He doesn't get mad. He winds them up,
polishes them, puts them in their boxes,
counts them and listens to their ticking.

And every night he wakes with a start
at the moment when their hands stop
to pay respects to the watch which isn't there.

L'orologio
Traduzione di Letizia Esposito

Quando aveva sei anni
scrisse a Babbo Natale
chiedendogli un orologio da polso.

Dopo la morte di suo padre
trovò la lettera
tra le vecchie foto.

Babbo Natale gli portò
un'enciclopedia con una copertina sbiadita
che elencava sessanta quesiti sul tempo.

Si era dimenticato di quella lettera,
ma per anni ha continuato a collezionare
orologi da polso.

I suoi bambini ci giocano –
un orologiaio, un gioielliere,
un negozio di antiquariato.

Lui non si arrabbia. Li ricarica,
li lucida, li pone nelle loro scatole,
li conta e ascolta il loro ticchettio.

Ed ogni notte si sveglia di soprassalto
nel momento in cui le lancette si fermano
per rendere omaggio all'orologio che non c'è.

Suitcases
Lidija Dimkovska

In the little chest under my mother's bed,
brought from the village to the town,
fish-shaped dishes lay dormant for years,
each individually wrapped in newspaper,
a wedding gift, the souvenir of a society.
Their gills had gone pale, their sea grey,
when we opened the little chest
they had already eaten each other up.

In the small suitcase under my uncle's bed,
which I used to open a hundred times a day,
all the wars from all times were mixed up together
in the notes taken during history lectures.
Folded in two, in two columns,
they charged out of the trenches
towards what would later become a state,
a political suitcase of oblivion.

In the suitcase under my bed in the student dorm
I kept the Liubinka typewriter
on which the Mongolian girls, my roommates,
wrote their love letters in Cyrillic,
and before sending them across three seas,
kept them for nine nights in vodka,
in bottles with sheep guts,
the umbilical cord to their motherland.

The suitcases in Auschwitz, separated by glass
from the reach of visitors,
confiscated at the very entrance
under the arch saying Arbeit Macht Frei,
are heavy with the emptiness in which
the weight of life, the lightness of death sit hunched over.

Valigie
Traduzione di Letizia Esposito

Nella piccola cassa sotto il letto di mia madre,
portati dal paese alla città,
piatti a forma di pesce rimasti dormienti per anni,
ciascuno singolarmente avvolto in carta da giornale,
un regalo di nozze, il ricordo di una società.
Le branchie erano diventate pallide, il loro mare grigio,
quando aprimmo la piccola cassa
si erano già mangiati a vicenda.

Nella piccola valigia sotto il letto di mio zio,
che di solito aprivo cento volte al giorno,
le guerre di tutti i tempi erano mescolate insieme
negli appunti presi durante le lezioni di storia.
Piegati in due, in due colonne,
saltarono fuori dalle trincee
verso quello che sarebbe poi diventato uno Stato,
una valigia politica di oblio.

Nella valigia sotto il mio letto nel dormitorio studentesco,
ho tenuto Liubinka, la macchina da scrivere
su cui le ragazze della Mongolia, le mie coinquiline,
scrivevano in cirillico le loro lettere d'amore,
e prima di spedirle attraverso tre mari,
le hanno conservate per nove notti nella vodka,
in bottiglie con budella di pecora,
il cordone ombelicale della loro patria.

Le valigie ad Auschwitz, separate da un vetro
fuori dalla portata dei visitatori,
confiscate all'ingresso
sotto l'arco con la scritta Arbeit Macht Frei,
sono appesantite dal vuoto con cui
il peso della vita, la leggerezza della morte siedono ingobbiti.

32 The Holocaust was a one-way ticket from a world which vanished
in the false bottom of existence.

Life is a puff of wind among people,
leaving their suitcases in its wake.
In them knowledge gathers dust,
memory – mould, oblivion – stench.
Every suitcase is an open story,
every story is a closed suitcase.
And you don't need to leave in order to stay,
or stay to have already left.

L'Olocausto è stato un biglietto di sola andata da un mondo svanito
nel doppiofondo dell'esistenza.

La vita è un soffio di vento tra le persone,
che lasciano le loro valigie sulla loro scia.
In loro la conoscenza raccoglie polvere,
memoria – muffa, oblio – tanfo.
Ogni valigia è una storia aperta,
ogni storia è una valigia chiusa.
E non c'è bisogno di partire per restare,
o restare per essere già partiti.

zooming footsteps
Gabor Gyukics

enlightenment is such
a rare momentum

like the place
and date
on the back of
a photograph

in vain I stare

familiar faces though
still obscure

could it be the zoo

before
a donkey cart
by an artificial lake
a boy
who might be me
standing
beside a fine woman

is she my grandmother

passi in avvicinamento
Traduzione di Assunta Anna Pia Roviello

l'illuminazione è
un così raro momento

come il luogo
e la data
sul retro
di una fotografia

invano fisso

visi familiari, seppur
ancora sconosciuti

potrebbe essere lo zoo

prima
un carretto
accanto a un laghetto artificiale
un ragazzo
potrei essere io
in piedi
vicino a una donna graziosa

è lei mia nonna?

mystique movements
Gabor Gyukics

I'm standing on the edge of the tracks
the last train has gone
dogs bark behind secured fences

two girlfriends from the past
come unexpectedly to mind
their names are mysteries
but I see their faces

do they remember me
or do I no longer exist
I don't believe in time
let it be past
future
present

I watch Spanish thrillers at nights
these southern Europeans
can be just as
filthy perverted brutal creatures
like us
in our politics
or the Scandinavians
in their novels

the sky is white
the green of the trees is woodpecker pecking
I lie on my stomach
my face between two tufts of grass
holding my very last breath

movimenti mistici

Traduzione di Assunta Anna Pia Roviello

Sono in piedi sul bordo dei binari
l'ultimo treno è partito
i cani abbaiano dietro recinzioni di sicurezza

due amanti dal passato
inaspettatamente mi vengono in mente
i loro nomi misteri
ma riconosco i loro volti

si ricordano di me
o non esisto più
non credo nel tempo
lascia che sia passato
futuro
presente

guardo thriller spagnoli di notte
questi europei del sud
possono essere semplici
sporche perverse brutali creature
come noi
nella nostra politica
o come gli scandinavi
nei loro romanzi

il cielo è bianco
il verde degli alberi è un picchio che becca
giaccio a pancia in giù
il mio viso tra due ciuffi d'erba
mentre trattengo il mio respiro

Mary Timney's Rope
Peter Roberts

*(after the stone rope carved by John Corrie in 1866
over the door of the new Sheriff's Court in Dumfries)*

Stop knots, like those tied in stone to the courthouse door,
would catch an uncleated sheet in the block; hold the clew
against the wind, to keep a ship on course for home.

Or tell a stone parable about a town's course trimmed
to the winds of the law, though laws can be set wrong,
need a diligent watch keeping when they blow too strong.

There's a rigging stop knot called the single throat seizing,

and I think of Mary Timney, half-mad with starvation
and fear for her weans, who in desperation
beat and murdered her neighbour, Ann Hannah.

She was strangled by the law on this very spot,
the last woman in Scotland to be publicly hanged,
the shame of Dumfries people, who wanted it stopped.

Three years later John Corrie carved a rope in stone,
in commemoration, they say, of our seafaring days,
but it's hard to believe his mind did not stray

to thoughts of Mary, swinging from her yardarm.
Perhaps he made her epitaph, and a proclamation
against such vile displays. Not that it worked

for Robert Smith; six years after Mary, the last man
to pay the law's due, put on show to public view,
hanged on the same corner of Irish and Buccleuch.

L'impiccagione di Mary Timney

Traduzione di Ilaria Amato

*(in seguito all'incisione della corda nella pietra nel 1866 di
John Corrie sulla porta del nuovo tribunale a Dumfries)*

Nodi soffocanti, come quelli incastonati nella pietra sulla porta
del tribunale,
afferrano le cime sciolte della carrucola;
tengono le vele in direzione del vento per riprendere la rotta
verso casa.

O raccontano una storia lapidale sul cammino di una città piegata dai venti della legge che, anche se ingiusti,
lamentano una premurosa guardia quando soffiano impetuosi.

Esiste un nodo soffocante noto come nodo al collo,
E ripenso a Mary Timney, quasi impazzita dal languore e dal
timore per i suoi piccini, quando bastonò e ammazzò la sua
vicina Ann Hannah.

Strangolata dalla legge proprio qui,
l'ultima donna di Scozia condannata alla forca in pubblico,
la vergogna del popolo di Dumfries, che ne chiedevano la fine.

Tre anni dopo John Corrie incise una corda nella pietra,
in ricordo, si dice, dei nostri giorni in mare
ma la sua mente non poteva non volare

a Mary, penzolante dalla trave.
E chissà forse ha inciso il suo epitaffio e un proclama contro tali
vili esibizioni.
Non che abbia avuto effetto su Robert Smith.

L'ultimo uomo, sei anni dopo Mary, a pagare il suo debito alla
giustizia, esposto al pubblico giudizio, impiccato all'angolo tra
Irish e Buccleuch.

Morecambe Bay, 5th February 2004

Peter Roberts

(In memoriam Mary Roberts)

This floating world, realm of earth
relinquished by land, dominion
of the moonstruck sea,

where evening's peach-pinks
and harebell blues fade to grey,
a curtain drawn on the dying day.

The tide creep-races unheeded,
slops into slacks, quickens sands, claims again
Yeoman's Wharf, Priest Skear, Mort Bank.

And you, a drowning linnet
relinquished by life, adrift on a distillation
of fear, memory, pretence,

feel the tug of the ebb-tide –

but this night's tide comes not for you.
Twenty-three migrant workers slaving
on Warton Sands to accrue

nine pence per pound of cockles –
adrift the moment they left Fujian –
have arrived at their final station.

From this distance it seems
your lives unfolded to common themes,
poverty, powerlessness, separation,

and even in the anguish of your dark night,
you find compassion for these strangers,
a final surge of the heart's tide.

Morecambe Bay, 5 febbraio 2004

Traduzione di Ilaria Amato

(In ricordo di Mary Roberts)

Questo universo fluttuante, regno terreste
abbandonato dalla terra, padrone
del mare incantato,

dove i tramonti rosa pesca
e le azzurre campanule appassiscono,
un velo che avvolge i giorni che finiscono.

La marea incalza incurante,
smuove le acque morte, ravviva le sabbie, rivendicando
Yeoman's Wharf, Priest Skear, Mort Bank.

E tu, un fanello che annega
rinnegato dalla vita, alla deriva pregno
di paura, ricordi e menzogne,

senti la stretta della bassa marea,

ma questa notte la marea non è per te.
Ventitré lavoratori migranti sfruttati
a Warton Sands per racimolare

nove penny per ogni libbra di telline,
travolti nell'attimo in cui lasciarono Fujian,
sono giunti alla loro ultima destinazione.

Da lontano pare
che le vostre strade si snodino su percorsi comuni,
povertà, impotenza, distacco,

e anche di fronte al vostro dolore nell'oscurità della notte
provate compassione per questi estranei,
un'ultima marea del cuore.

Night Owling
Peter Roberts

(after Alan Ginsberg and Edward Hopper)

…and wake sometime after one get up to take a leak
come back to keep the beat with every toss and turn the
night owl taunting with its high fluting hooting a bass/
alto riff that goes on and on like Lester Young in Kansas
in 1938 saxing the crowd to madness with 72 choruses
of The Man I Love and worry about Moloch's latest
incarnation creeping into my brain along wi-fi waves
the clock going too slow to an ending too fast for hopes
of sleep…

…and long to shout down the ghost howl of the
insomniac and leave hunting like a nighthawk through
dark frosted streets to that pool of light in the lonely
night order coffee and corn dogs share the company of
strangers in meaningless talk about the Bears and the
Blackhawks anything so's to seem alive and not lost…

…and wonder why, last night, I dreamed of Chicago.

Animale notturno
Traduzione di Ilaria Amato

(In onore di Alan Ginsberg e Edward Hopper)

… e svegliarsi appena dopo l'una per andare a pisciare per poi ritornare e riprendere a rigirarsi e rigirarsi nel letto il gufo notturno che si diverte a bubbolare come l'alto e basso riff che continua incessantemente come quella volta quando nel Kansas Lester Young nel 1938 mandò in delirio la folla ripetendo per 72 volte The Man I love e mi spaventa che l'ultima incarnazione di Moloch si insinui nel mio cervello attraverso le onde del wi-fi e l'orologio che va a rilento verso un epilogo troppo rapido per sperare di dormire…

… e desiderare di soffocare il lamento spettrale dell'insonne e andare a caccia come un falco nella notte per le strade buie e gelate fino a raggiungere quella pozza di luce nella notte solitaria che seduce ordinando caffè e corn dog e condividendo in compagnia di sconosciuti discorsi insensati sui Bears e sui Blackhawks tutto pur di sembrare vivi e non smarriti…

… e mi chiedo perché, la notte scorsa, ho sognato Chicago.

Revolution, 30th January 1969

Peter Roberts

(after a photograph by Ethan A. Russell)

The camera seems to float above the city,
like some deity's eye, seeing this story
play out to its ending, waiting for the legend
to loosen from its rooftop scaffold
and ascend into mythology; join company
with the risen on their balustrade plinths
across the street — Leonardo, Titian, Raphael,

Wren, drawing rock sketches of a London
still recognisable, the skyline barely obtruded,
Portland stone, yellow brick smoked to grey,
hardly changed, perhaps like the lives of those
who say they want a revolution, listening below,
dark suited office boys, shop girls, porters
in uniform blue jackets, collar and tie,

the revolution playing out over their heads.

Even girlfriends and hangers-on huddled
by the chimney pots are washed out, colourless.
But Ringo's scarlet jacket is a struck match
fizzing sparks in four-four time across the roof,
carrying the music over the edge, down to the crowd,
the band's parting gift that, like them or not,
would be a yardstick for this generation

measuring everything that was to come.

Rivoluzione, 30 gennaio 1969
Traduzione di Alessandra Mirante

(da una fotografia di Ethan A. Russell)

La fotocamera sembra fluttuare sopra la città,
come un occhio divino, vede la storia
dall'inizio alla fine, aspettando che la leggenda
si consegni dal ponteggio sul tetto
e ascenda alla mitologia; unendosi
alle statue sui loro plinti balaustrati
dall'altra parte della strada – Leonardo, Tiziano, Raffaello,

Wren, abbozzando schizzi di una Londra
ancora riconoscibile, con lo skyline appena visibile,
la pietra di Portland, mattoni gialli ingrigiti dal fumo,
poco è cambiato, forse come le vite di chi
professa una rivoluzione, ascoltando dal basso,
impiegati con vestiti scuri, commesse, facchini
con uniformi dalle giacche blu, colletto e cravatta,

la rivoluzione avviene sopra le loro teste.

Persino le fidanzate e i parassiti attaccati
ai comignoli sbiadiscono, incolori.
Ma la giacca scarlatta di Ringo è un cerino acceso
che sprizza scintille in quattro e quattr'otto sul tetto,
portando la musica oltre il limite, giù alla folla,
il regalo d'addio della band che, volente o nolente,
sarà esemplare per questa generazione

paragonandovi tutto ciò che sarebbe arrivato.

The renovation near Sansepolcro
Martyn Crucefix

I choose the terrace from which to read everything
where it swivels towards me

with the fury of a blow-torch
the unevenness of a candle so I lose myself

in the caves of blue shadow beneath the fig tree
the swallow's cross-stitch down the valley

the pale swimmer's supine turning to heave
the billow of her watery echo

up and down the pool beneath the wires hanging
slack from the green parade

of telegraph poles—the cold calls locked inside
the surfing of voices in air-conditioned cells

oblivious to the baying of this heat—
until I hear her feet as she brushes hot stones

along the path until I listen to the noise
one leaf makes or the whisper

of ants exploring the hairy terrain of my feet
or the picture postcard she bought

this morning I have used for a bookmark—
the hyperopthalmic gaze

of Piero's risen Christ standing like a swimmer
in his off-the-shoulder pink shift

like a builder with one foot planted firm and flat

Il restauro vicino Sansepolcro

Traduzione di Alessandra Mirante

Scelgo la terrazza da cui osservare tutto
ciò che oscilla verso di me

con la furia di un lanciafiamme
l'irregolarità di una candela così mi perdo

nei meandri dell'ombra bluastra sotto un fico
rondini come un punto croce lungo la valle

la pallida nuotatrice a dorso trasforma in flutto
la spuma della sua eco acquatica

su e giù per la piscina sotto i fili
sospesi dalla schiera arrugginita

di pali telefonici – chiamate inattese ingabbiate
il fruscio delle voci nei climatizzatori

indifferenti all'insorgere di questo caldo –
finché non sento i suoi piedi sfiorare pietre roventi

lungo il sentiero finché non ascolto il suono
di una foglia o il sussurro

di formiche esplorare il terreno peloso dei miei piedi
o la cartolina che ha comprato

stamattina usata come segnalibro –
lo sguardo iperoftalmico

del Cristo risorto di Piero erto come un nuotatore
con la sua veste rosea dalle spalle scoperte

come un costruttore con un piede piantato saldo

on the tomb he rises like spring-water

like a wintry candle his firm grip
on the flagged staff where to one side of him

stand winter trees to the other worlds of leaf

The lovely disciplines
Martyn Crucefix

See Ginny's son and Ginny's daughter-in-law
rest useless hands on the raised bed-rail

stare down to where Ginny writhes and squirms
her slender left arm reaching O so high

while her bare right calf lies crooked across
the cold retaining bar as lucky Jane all day

scuts with her bird-like legs folded under
to clear the turning wheels of her chair

while she roams the ward her working shoulders
pump and shove as if she'd tear herself

from the purple seat while Michaela's throat
goes sucking great holes in the hospital air

rubbing itself raw till she's like a bull-seal
honking on a distant shore she might once

have defended open-eyed though none here
believes Michaela will stir—no brighter hope

any more for Linda where she's settled still

sul sepolcro si innalza come acqua di sorgente

come una gelida candela la sua salda presa
sul pennone dove da un lato

si ergono alberi d'inverno e dall'altro immensità di foglie

Le piacevoli punizioni
Traduzione di Alessandra Mirante

Vedere il figlio di Ginny e la nuora di Ginny
posare mani incapaci sulla sbarra del letto

guardando in basso dove Ginny si agita e contorce
il suo esile braccio sinistro si tende oh così in alto

mentre nudo il suo polpaccio destro giace deforme
sulla fredda barra anticaduta mentre la fortunata Jane

si dimena sempre con le sue gambe scheletriche incrociate
per liberare le ruote della sua carrozzina

mentre si aggira nel reparto le sue spalle funzionanti
pompano e spingono come se volesse stracciarsi

dal sedile viola mentre la gola di Michaela
risucchia enormi bolle d'aria dell'ospedale

si sfrega a sangue fino a diventare come una foca
che latra su una riva lontana che un tempo avrebbe

difeso cosciente anche se nessuno qui
crede che Michaela si muoverà – nessuna speranza

per Linda che è ferma immobile

in her pink dressing-gown beside her bed

neat as a serviette her eyes fixed on a man
from her V of hands while he stares at her

from his V of hands at the woman he moved
coterminous with for years who now prefers

distance and darkness and being dumb—
O no more those lovely disciplines

we reassure ourselves it's human to pursue
and no more those sweet acts of will

we briefly treasure or take for granted
consoling ourselves that we will be spared

the horror of long blue rooms like these
the slack and supine and all this twaddle

of decay and so persuade ourselves
that the truth need not be so bleak

as it seems for these who hold the floor today
who turn hardly more than a leaf turns

in being blown to the gutter those who seem
as nothing to themselves if more to others

who come with names they won't let go
murmuring Ginny Michaela darling Linda Jane

nella sua vestaglia rosa accanto al letto

piegata come un tovagliolo gli occhi fissi su un uomo
con le mani a V mentre lui la fissa

con le sue mani a V la donna con cui è stato
in simbiosi per anni e che ora preferisce

distanza e oscurità e silenzio –
Oh basta con queste piacevoli punizioni

ci rassicuriamo pensando sia umano rincorrere
nient'altro che quei dolci atti di volontà

di cui facciamo tesoro o diamo per scontati
consolandoci che ci sarà risparmiato

l'orrore di lunghi corridoi verdi come questi
negligenza e indifferenza e tutte queste idiozie

sulla morte e così ci convinciamo
che la verità non sia così tetra

come appare ai predicatori di oggi
che cambiano direzione poco più di una foglia

soffiata nei bassifondi quelli che sembrano
nulla a se stessi se non di più agli altri

che si presentano con nomi che non lasciano andare
mormorando Ginny Michaela cara Linda Jane

On night's estate
Martyn Crucefix

The longer I stare, the blacked-out
expanses grow more hard to look into –
unlike the United States, unsheathing
its gleaming Floridan sword,
its rash of yellow citidots.
The earth is on fire
south of the Great Lakes' blue pools,
grows more black, but not empty,
out through standing
mid-west corn, block on starry block,
swept to the Pacific's violet edge.

There, shy Australia lies on display.
A single lemon necklace,
loose from Brisbane to Adelaide.
The monumental Asiatic blacks,
their spilt drops of gold
spattering Europe, where it grows
lighter from east to west.
The cobra-squirm of the Nile
is a slithering focus to a blazing delta.

We are those who show ourselves
most clearly when we sleep.
We become like children,
sprawled, unconscious and equal
to the next lamplight.
The world in numerable parts.
Our dreams, a ferocious inequality,
as no-one lives in the Icelandic
inky black, the soot-back of Canada,
the Arctic, ebony of Antarctica,
the emptied Amazon basin,
the Russian steppes, Himalayan pitch.

Nella tenuta della notte

Traduzione di Arianna Lombardo

Più a lungo le fisso, più le oscurate
distese diventano difficili da guardare
non come gli Stati Uniti, che sguainano
la scintillante spada della Florida
la sua serie di puntini luminosi
La Terra è in fiamme
a sud delle piscine blu dei Grandi Laghi
diventa sempre più scura, ma non vuota
attraverso le spighe
di grano del Midwest, quadri su quadri stellati
sospinti verso l'orlo viola del Pacifico.

Lì la timida Australia giace in mostra,
un singolo filo di limoni,
srotolato da Brisbane a Adelaide.
Le monumentali oscurità asiatiche,
le loro gocce d'oro versate
schizzano l'Europa, che si fa
più luminosa da est a ovest
la spira del Nilo
è il fulcro strisciante di un delta ardente.

Siamo quelli che si mostrano
più chiaramente quando dormono.
Diventiamo come bambini
sdraiati, dormienti e uguali
Al prossimo lampione.
Il mondo in parti numerabili.
I nostri sogni, una feroce disuguaglianza
perché nessuno vive nelle tenebre
islandesi, nel dorso scuro del Canada
nell'Artide, nell'ebano dell'Antartide
nel bacino amazzonico,
nelle steppe russe, nel buio pesto dell'Himalaya.

54   Whatever life goes on there,
it keeps such a quiet light.
A few red sores of flaming oil-fields.
The indigo of burning forest
in the bulb of Brazil.
And across central Africa,
fat Africa is the body of dark
I hear cry out the kind of catastrophe
it will take to revive the night's wrap.
Let darkness fall as it now appears:
beneath the close of twelve billion lids,
the monster is asleep and dreams of stars.

Qualunque vita ci sia lì,
mantiene una luce così fioca.
Poche piaghe rosse di fiammanti campi petroliferi.
L'indaco della foresta in fiamme
nel cuore del Brasile.
E attraverso l'Africa centrale,
la grassa Africa è il corpo del buio
sento il grido della catastrofe
che servirà per far rivivere l'involucro della notte.
Lascia che l'oscurità cali come appare ora:
sotto, il chiudersi di dodici miliardi di palpebre,
il mostro dorme e sogna le stelle.

Incomplete Sea
Károly Bari

First the silence,
then the early morning sky hauled in by birds,
then old age,
when 'is not' is more likable than 'is',
the retreating present drags me into its drift,
the undatable attraction of ebbing existence,
all perspectives are vanishing,
the single-born time plucks the plumage of light
that is still shrieking,
I still name the names of the world,
clamors and thousand-year-old motions
of the wind pour through the land,
voices before speech are heard in the throats of leaves
end of summer,
fallen faces, sun-ripened memory.

Mare incompleto

Traduzione di Arianna Lombardo

Prima il silenzio,
poi il cielo del primo mattino inaugurato dagli uccelli,
poi la vecchiaia,
quando il "non essere" è più piacevole dell' "essere",
il presente che si ritira mi trascina nella sua corrente,
l'attrazione senza tempo di un'esistenza che si ritrae,
tutte le prospettive svaniscono,
il tempo unico strappa il piumaggio della luce
che ancora strilla,
Elenco i nomi del mondo,
i clamori e i moti millenari
del vento si riversano sulla terra,
voci anteriori alla parola si sentono nelle gole delle foglie
fine dell'estate,
volti cupi, memoria maturata al sole.

In the manner of Mas'ud-i Sa'd-i Salmān

Károly Bari

(for Ildikó)

She who braces up the dawning light: is you,
She who dwells in my eyes: is you,
the Byron collared sky is asking:
can only that exist that has a name?
what I feel in my heart has no name,
but it's not leaving, it's alive, it exists,
Fate is a mysterious abyss, I know it well,
she who has built a bridge over it: is you,
I run among the hands that reach out of the ground,
the one who came out of the dream, is you,
the one who has pulls me away from the flowing time,
and the one who makes the future and the past: is you.
I am the mirror of our sparking life,
the one who feeds the fire: is you.

Alla maniera di Mas'ud-i Sa'd-i Salmān
Traduzione di Arianna Lombardo

(per Ildikó)

Colei che raccoglie la luce dell'alba: sei tu,
Colei che dimora nei miei occhi: sei tu,
il cielo col colletto à la Byron chiede:
può esistere solo ciò che ha un nome?
ciò che sento nel mio cuore non ha nome,
ma non se ne va, è vivo, esiste,
Il destino è un abisso misterioso, lo conosco bene,
colei che ha costruito un ponte su di esso: sei tu,
Corro tra le mani che spuntano dalla terra,
colei che è uscita dal sogno sei tu,
colei che mi ha allontana dal tempo che scorre,
e colei che crea il futuro e il passato: sei tu.
Io sono lo specchio della nostra vita scintillante,
colei che alimenta il fuoco: sei tu.

Snowfall
Károly Bari

I'm not going to die,
I'm simply leaving you,
I'm going underground, into the unraveled abyss
I descend with shadowless wings,
you fill your eyes with salt, you shout
after me, but I won't
ever look back, I'll
never come back, I'll leave the
campsites of twilight,
the veil-masks of the sky,
the on-duty rays who wake
the motionless insubordinate ones
by kicking them for you:
the dewdrops sleeping on their watch-post,
your breath touches the web of gloom,
the eyelashes girded dawn,
I follow a path deep under the earth, it's an unmistakable
direction,
embroidered with the pattering of roots
to the unnamable, time's wearing
crane stitching heights,
gazing at the sea seeking for me,
rummaging the clusters of stones on the shore
with stiffening bluish fingers.

You'll get up, dress, stumble to the kitchen
to make coffee, trying to make yourself believe,
that nothing has changed,
that the dawn, spreading like wildfire is the same
as it was before, that the rosewood girdled
with thick straw and the mist that crosses the spiral staircases
of petals
are all the same,
yet the early morning garden

Nevicata

Traduzione di Clorinda Esposito

Non sto per morire,
ti sto solo lasciando,
vado sottoterra, nell'abisso ignoto,
discendo con ali senz'ombra,
i tuoi occhi si riempiono di sale, mi urli
dietro, ma io non
mi volterò mai, non
tornerò mai più, lascerò
le distese di penombra,
le maschere velate del cielo,
i raggi a lavoro che svegliano
gli apatici insubordinati
scalciandoli per te:
le gocce di rugiada dormono sulla loro vedetta,
il tuo respiro tocca il telo di tenebre,
le ciglia avvolgono l'alba,
seguo un sentiero nelle profondità della terra,
è una direzione inequivocabile,
ricamata dal fruscio delle radici
verso l'innominabile, il tempo passa,
le gru raggiungono i cieli,
lo sguardo del mare mi cerca,
rovista tra gli ammassi di pietre sulla riva
con dita bluastre intorpidite.

Tu ti alzerai, ti vestirai, barcollerai fino alla cucina
per fare il caffè, provando a convincerti
che nulla sia cambiato,
che l'alba, divampante come un incendio, sia
la stessa di prima, che il palissandro avvolto
da una fitta paglia e la nebbia
che attraversa le scale a chiocciola dei petali
siano uguali,
ma il giardino del primo mattino

will be different,
and your steps will be more hesitant out in the streets,
and the color-sensitive billboards
will hiss at you louder
your treasures will disappear one by one without a trace
from the faded concealment:
the strings of laughter bent into a ring
keep their memories as well
you're talking to the gazes
of lovers' aging side by side,
but your words will not be present,
gangs of flowers taking roots
everywhere: bouquets, wreaths,
testimonies run towards the world,
like vultures run hopping to the carcass,
the storming clouds are witnessing signals
just like the leaves putting blood-vengeance shoes on,
the silence of left alone fields and withered grass
is coming for me
I must pass before a file of moles,
dragging my wings through clods,
winter thistles with frost-baskets on their heads
expecting me,
their eyes meet, they shiver,
an angel's standing in the snowfall,
its clothes are pleated ash,
the heavy downpour like white lattice
fenced it, locked it in,
gentle and unyielding,
like an iron cage.

sarà diverso,
e i tuoi passi saranno più esitanti per le strade,
e gli schermi luminosi
ti fischieranno più forte,
i tuoi tesori svaniranno uno ad uno, senza lasciare traccia,
dal nascondiglio offuscato,
lo stridio delle risate racchiuso in un anello
conserva i suoi ricordi,
stai parlando agli sguardi
degli amanti che invecchiano fianco a fianco
ma le tue parole non saranno presenti,
cumuli di fiori mettono radici
ovunque: bouquet, corone,
testimoni corrono per il mondo
come avvoltoi che si fiondano sulla carcassa,
le nuvole in tempesta sono segni premonitori
così come le foglie che indossano le scarpe della vendetta,
il silenzio dei campi abbandonati e dell'erba appassita
sta venendo a prendermi,
devo passare davanti a una fila di talpe,
trascinando le mie ali tra le zolle,
i cardi invernali con caschi di ghiaccio in testa
mi aspettano,
i loro sguardi si incrociano, rabbrividiscono,
un angelo si erge nella neve,
i suoi vestiti sono cenere increspata,
la tormenta, come un traliccio bianco,
l'ha recintato, intrappolato,
delicata e inflessibile
come una gabbia di ferro.

Smoke-Roots
Károly Bari

Cigarette smoke-roots grew
over my mouth, it's the fourth night
I'm aimlessly roaming,
trouble abyss yawns on my face,
I'll tumble in one day,
you left me
and there'll be no one who will
reach her hand down for me,
rock-trouble will bury me
and a drunk graveyard-keeper
carves tombstone out of black raven feathers,
clouds grow gray in their sorrow,
but you don't even notice my death,
though you should collapse with a
scythe-sharp cry at the foot of my
black raven feather timbered tombstone.

Radici di fumo
Traduzione di Clorinda Esposito

Radici di fumo di sigaretta invadono
la mia bocca, è la quarta notte
che vago senza meta,
un abisso di guai sbadiglia sul mio volto,
un giorno ci precipiterò,
tu mi hai lasciato,
e non ci sarà nessuna che
tenderà la mano verso di me,
un macigno di guai mi seppellirà
e un becchino ubriaco
scolpisce una lapide da piume di corvo nero,
le nuvole si ingrigiscono nel loro dolore,
ma tu nemmeno ti accorgi della mia morte,
eppur dovresti crollare, con un
grido tagliente come una falce, ai piedi della mia
lapide in legno di piume di corvo nero.

Changes of Address
Philip Gross

After he left
it was the change-of-address slips
that came from everywhichwhere now and then;

it was the way he made you fill
whole pages of address book with him,
him scored out again and again,

like drafts of himself he had to mail you,
brief as haiku and never quite right.
It was the postcards from what might have been

a holiday, with here and there a 'we'
unexplained, that might be the family, the wife,
the lover or the zeitgeist; most recently,

this e-mail with a page-and-a-half
of cc's like the credits at the end
of a low budget film, and where he's @

is somewhere that is no place.
So a pulse from the receding stars
prints out as constellations on our flat

earth minds, although they're years
of light apart, and separate. It was,
it is, the way he wants it known

how far he's got... but who's to mark
this correspondence course, this
distance learning, in... what: *Home*

as a Foreign Language?

Cambi di indirizzo

Traduzione di Cristina Donniacuo

Dopo la sua partenza
furono i bigliettini con il nuovo indirizzo
che arrivavano di tanto in tanto e da ogni dove;

fu il modo in cui ti faceva riempire
intere pagine della rubrica col suo nome,
che cancellavi in continuazione,

come bozze di sé che doveva spedirti,
brevi come haiku e mai perfette.
Furono le cartoline da quella che poteva essere

una vacanza, con qua e là un "noi"
imprecisato, forse la famiglia, la moglie,
l'amante o lo zeitgeist; più di recente,

questa e-mail con una pagina e mezza
di destinatari, come i titoli di coda
di un film scadente, e dove lui si trova @

da qualche parte che non è un luogo.
Così un impulso dalle stelle in lontananza
si stampa come costellazioni sulle nostre menti

limitate, anche se sono distanti
anni luce, e separate. Fu,
è, il modo in cui vuole che si sappia

quanto è lontano ora... ma chi darà un voto
a questo corso per corrispondenza, questo
apprendimento a distanza, in... come dire: *Casa*

come Lingua Straniera?

Windfarm at Sea
Philip Gross

Wind flowers
           in the mist
as if dark-grown, as spindly as whims,

off the grey coast where there's no horizon
but one we infer, where they walk

or sleepwalk, in their middle distance
of just-possibility

            considering all this
in their absent and abstracted way,

three-petalled, unpeeling themselves: loves me
loves me not – unpicking the knot of the winds,

a twist of faded ribbon tied round the idea,
no more than that,

            of the trunk of a tree...
as if we'd stumbled on the pale machinery

that drives the weather, the obsession
in it, like the distance at the heart

of too much love. Like a stalker
in love with a ghost.
            Like a wedding in grey.

Parco eolico in mare

Traduzione di Clorinda Esposito

Fiori del vento
            nella nebbia
come fossero cresciuti al buio, futili come capricci,

al largo della costa grigia dove non c'è orizzonte
se non quello che immaginiamo, dove vivono

o sopravvivono, in un secondo piano
di effimera esistenza

                percependo tutto ciò
nel loro modo assente e astratto,

a tre petali, si sfogliano da soli: m'ama
non m'ama – sciogliendo il nodo dei venti,

un giro di nastro sbiadito legato attorno all'idea,
niente di più,

           del tronco di un albero…
come fossimo inciampati nel pallido ingranaggio

che governa il meteo, la sua
ossessione, come la distanza nel cuore

del troppo amore. Come uno stalker
innamorato di un fantasma.
                    Come un matrimonio in grigio.

Mappa Mundi
Philip Gross

I.
In the land of mutual rivers,
it is all a conversation: one flows uphill, one flows down.
Each ends in a bottomless lake which feeds the other
and the boatmen who sail up, down, round and round
never age, growing half a day older, half a day younger
every time… as long as they never step on land.

II.
In the land of always autumn
people build their houses out of fallen leaves
and smoke, stitched together with spiders' webs.
At night they glow like parchment lanterns and the voices
inside cluster to a sigh. Tell us a story, any story, except
hush, please, not the one about the wind.

III.
In the land where nothing happens twice
there are always new people to meet;
you just look in the mirror. Echoes learn to improvise.
So it's said… We've sent some of the old
to investigate, but we haven't heard yet. When we
catch up with them, we might not know.

IV.
In the land of sounds you can see
we watch the radio, read each other's lips, dread
those audible nightfalls. We pick through the gloom
with one-word candles home… however… only… soon…
while pairs of lovers hold each other, speechless,
under the O of a full black moon.

Mappa mundi
Traduzione di Valeria Grasso

I.
Nella terra dei fiumi che convergono,
tutti conversano: uno scorre su, l'altro scorre giù.
Ciascuno sfocia in un inesauribile lago che l'altro alimenta
e i barcaioli che navigano in su, in giù, in giro e in tondo
diventando mezza giornata più vecchi, mezza giornata più giovani, non invecchiano un secondo
ogni volta... purché non calpestino mai terraferma.

II.
Nella terra dell'autunno perenne
la gente costruisce le proprie dimore con foglie cadute
E fumo, cucite insieme da ragnatele.
Di notte brillano come lanterne di carta e le voci
dentro si stringono in un sospiro. Narraci una storia, qualsiasi storia, tranne
sh, ti prego, non quella sul vento.

III.
Nella terra dove nulla accade due volte
s'incontrano sempre persone nuove;
basta guardarsi allo specchio. Le eco improvvisano disinvolte.
Così si dice... mandammo alcuni vecchi
A indagare, ma non ne sappiamo ancora nulla. Quando
li raggiungeremo, non lo sapremo.

IV.
Nella terra dei suoni visibili
guardiamo la radio, leggiamo le labbra, temiamo
quell'assordante calar della notte. Spezziamo il buio pesto
con candele di singole parole: casa... tuttavia... solo... presto...
mentre coppie di amanti si stringono l'un l'altro, muti,
sotto la O della nera luna piena.

V.
In the land of hot moonlight
the bathing beaches come alive at midnight.
You can tell the famous and rich by their silvery tans
which glow ever so slightly in the dark
so at all the best parties there's a moment when the lights go out
and you, only you, seem to vanish completely.

VI.
In the land of migratory words
we glance up, come the season, at telegraph wires
of syllables in edgy silhouette against a moving sky
like code, unscrambling. Any day now they'll fall into place
and be uttered. Then the mute months. The streets
without names. The telephone that only burrs.

V.

Nella terra del caldo chiaro di luna
le stazioni balneari si animano all'una.
I famosi e i ricchi si riconoscono per l'argentea abbronzatura
che al buio leggermente brilla
così in tutte le migliori feste c'è un momento in cui le luci si spengono
e tu, solo tu, sembri svanire del tutto.

VI.

Nella terra delle parole migratorie
guardiamo in alto, in questa stagione, ai fili di sillabe in una
sagoma spigolosa contro un cielo
in movimento come un codice, si decifra. Da un giorno all'altro
andranno al loro posto
e saranno pronunciati. Poi i mesi muti. Le strade senza nome. Il
telefono emette solo un brusio.

Poem 1
Sebastian Stefan Coman

If it's not by chance that we dream of
Higher aspirations and purposes,
It could be by choice.
A story still unravelling,
A page in a book
Somewhere in a forgotten library
Between the dusty
Tomes and parchments
A feather inscribes.
The fated details.
Of something
That never came to be.

Poesia 1
Traduzione di Valeria Grasso

Se non è un caso che sogniamo di
Più elevati aspirazioni e scopi,
Potrebbe essere per scelta.
Una storia che si sta ancora dipanando,
Una pagina di un libro
Da qualche parte in una biblioteca dimenticata
Tra polverosi
Tomi e pergamene
Una penna incide
I dettagli fatali.
Di qualcosa
Che non è mai stato.

Poem 2
Sebastian Stefan Coman

The snow never came.
I stood motionless, watched
As it rained.
A strange melancholy filled my heart.
It was like I never left that moment;
Like a daydream, that was never ending.
Some sort of art.
Depiction of emotions raw and free
Depicting the seasons only three
The forever winter, once again a delay.
It got stuck somewhere, maybe before May.

Poesia 2

Traduzione di Valeria Grasso

La neve non arrivò mai
Rimasi immobile, guardavo
Mentre pioveva.
Una strana malinconia mi riempiva il cuore.
Era come se non avessi mai lasciato quell'attimo;
come una fantasticheria, senza fine.
Una forma d'arte.
Raffigurazione di crude e libere emozioni
Raffigurando solo tre stagioni
L'eterno inverno, di nuovo con indugio.
Bloccato da qualche parte, forse prima di Maggio.

Poem 5

Sebastian Stefan Coman

Sometimes, something is about
Somebody who spoke. About
The ups and downs of life
Of countless memories they shared
Through a lifetime.
With me with you
With every part of us.
It's like a fresh breath of air
As I lay my head into your palms
And feel like myself once again.

Poesia 5
Traduzione di Valeria Grasso

Qualche volta, qualcosa riguarda
Qualcuno che parlò. Riguardo
Gli alti e bassi della vita
D'infiniti ricordi che condivisero
Per tutta la vita.
Con me, con te
Con ogni parte di noi.
È come una boccata d'aria fresca
Quando poggio il capo tra i tuoi palmi
E di nuovo mi sento me stesso.

Goshawk
Stewart Sanderson

Rara avis, we
think when we see
one circling, silently
surveying her wintry
kingdom, where most likely
some timorous beastie
cowers. A century
or what might as well be
one passes by, the country
revolving slowly
underneath that tiny
shape. Then suddenly
she falls, letting gravity
guide her, unerringly,
towards her quarry
till, a small eternity
later, she flaps free
once more over the valley
letting the thermals carry
her away, pure poetry.

L'astore
Traduzione di Cristina Donniuacuo

Rara avis, pensiamo
quando lo vediamo
volteggiare, scrutando
in silenzio il suo gelido
regno, riparo sicuro
di qualche animaletto
impaurito. Un secolo
o almeno sembra tale
passa, il paesaggio
che scorre lento
sotto quel piccolo
corpo. Poi all'improvviso
cade, lasciando che il peso
lo guidi, senza sbaglio,
verso il suo nido
finché, dopo un attimo
eterno, si libra libero
sulla valle, di nuovo,
facendosi portare dal vento,
puro idillio.

Flowering Hawthorn
Stewart Sanderson

Pink petals shading into white
amidst green foliage and dark
bourachs of branches, where the late
spring light loses itself in mirk.

All winter long, the wizened tree
was working secretly at this
new youthfulness: so poetry
forms sometimes, out of silences.

As frost hardened, the hawthorn turned
an ur-image of blossom over
in its sap: an image earned
through cold months, cradled like a lover.

So one night language might begin
to flower slowly in the mind –
nothing that can be written down
as yet, not even speechless sound.

Only a feeling: if you waited
patiently, the words would grow –
just so, the tree anticipated
wealth, stripped naked in the snow.

Biancospino in fiore

Traduzione di Cristina Donniacuo

Bianchi petali rosati
tra il fogliame verde e uno scuro
groviglio di rami, dove gli ultimi raggi
della primavera si perdono nel buio.

Il vecchio albero, per tutto l'inverno,
in segreto una nuova esistenza
ha plasmato: così prende forma
a volte la poesia, dai silenzi.

Con la sua linfa, il biancospino
ha modellato l'immagine primitiva
di un bocciolo nel terreno gelato:
creata al freddo, cullata come un amato.

Così anche il linguaggio una notte
sboccerà nella mente, pian piano –
niente che possa essere scritto
per ora, neppure un tacito suono.

Resta una sensazione: se hai aspettato
con pazienza, le parole potranno nascere –
proprio così, l'albero ha annunciato
la prosperità, tutto spoglio tra la neve.

The Crab Tribe
Stewart Sanderson

How lonely it must have been
at the end there
when it was just a few of them
all bilingual by that point
and none of them young
but regardless a few
who could still shape a sentence
in their secret language –
a tongue which had survived
at least one ice age
before dying, as speech does
in the west
on some rocky shoreline
leaving behind only
a word meaning crab
and maybe another
for salmon, another
for lobster, another
for periwinkle
and perhaps not even those.

La stirpe del granchio

Traduzione di Cristina Donniacuo

Deve essere stato triste
alla fine di tutto
quando erano rimasti in pochi
tutti bilingui a quel punto
e nessuno ancora giovane
ma comunque in pochi
ancora in grado di formulare una frase
nel loro linguaggio segreto –
una lingua sopravvissuta
ad almeno un'era glaciale
prima di morire, come fa la parola
a occidente
su qualche costa rocciosa
lasciandosi dietro solo
una parola che significa granchio
e forse un'altra
per salmone, un'altra
per aragosta, un'altra
per pervinca
e forse nemmeno quelle.

Unheard Stories
Kelly Kaur

Grandmother spoke
in a language
I barely understood

Leaning toward me
on her rattan bed
under the squeaky, whirring fan
on a hot Singapore afternoon

I strain to listen
to sounds
and articulated words
that hold no meaning for me

Wild gestures and gesticulations
urgently punctuate purpose
on an indifferent slate

I nod my head
up and down

Her tongue inaccessible

Until in silence
we sit

Deafened by chasms of
language lost
and stories
left

forever
untold

Storie inascoltate
Traduzione di Anna Ciraldo

Nonna parlava
in una lingua
che comprendevo a malapena

Sporgendosi verso di me
sul suo letto in rattan
sotto il ronzio stridente del ventilatore
in un caldo pomeriggio di Singapore

Mi sforzo di ascoltare
suoni
e parole scandite
che non hanno alcun significato per me

Gesti selvaggi e gesticolamenti
accentuano insistentemente il proposito
su una lavagna indifferente

Annuisco con la testa
su e giù

La sua lingua inaccessibile

Finché in silenzio
ci sediamo

Assordate da divari di
una lingua perduta
e storie
rimaste

per sempre
taciute

The Justice of Death
Kelly Kaur

On his deathbed
he murmurs
> Can I have a real doctor
>> Not a foreign doctor

I stare at him caringly
empathy expands for his pain

> His grief immeasurable
> His fear insubordinate
> His death imminent

There is no medicine
for ignorance

It seems not even looming death can dye color

I swallow my words
let my heart magnify
greater than it can

Compassion bids sweet farewell
his final exit
colorless

La giustizia della morte

Traduzione di Anna Ciraldo

Sul letto di morte
mormora
        Posso avere un vero medico?
                Non un medico straniero

Lo fisso con premura
l'empatia per il suo dolore si espande

        La sua pena incommensurabile
        La sua paura insubordinata
        La sua morte imminente

Non c'è medicina
per l'ignoranza

Neanche la morte incombente pare possa tingere di colore

Ingoio le mie parole
lascio il mio cuore ingrandirsi
più che può

La compassione dà un dolce addio
la sua uscita finale
incolore

A Good Drowning
Donald Adamson

(By the River Aniene, Lazio)

It calls you in,
bottleglass green and cool in summer heat,
but the current's too strong:
before you know, you'd be floating unhurriedly
to the Tiber, forty miles downstream.
Not be a bad way to drown, taking it easy,
having everything you've experienced
click through your head like a slow movie reel. With time
for sight-seeing – think – those twenty-seven centuries
from the founding of the city,
the emperors and the excesses,
popes, palaces and pleasure-gardens,
amphitheatres and aqueducts,
temples and triumphs, legions, lingua Latina…
so much more than one's own meagre existence,
a hundred generations roughly speaking,
with easily enough happenings to fit
a million lives.
It seems almost a pity
to miss all that.
I think I'll dip my toe in now.

Un buon annegamento
Traduzione di Anna Ciraldo

(*Lungo il fiume Aniene, Lazio*)

Ti chiama a sé,
verde bottiglia e fresco nella calura estiva,
ma la corrente è troppo forte:
prima di accorgertene, staresti galleggiando tranquillamente
verso il Tevere, quaranta miglia a valle.
Non è un brutto modo di annegare, prendendosela comoda,
mentre tutto quello che hai vissuto
scorre nella testa come una lenta bobina di un film. Con il tempo
di un giro turistico – pensa – quei ventisette secoli
dalla fondazione della città,
gli imperatori e gli eccessi,
papi, palazzi e giardini del piacere,
anfiteatri e acquedotti,
templi e trionfi, legioni, lingua Latina...
molto di più dell'esistenza insignificante di un individuo,
un centinaio di generazioni grosso modo,
con un numero di eventi di gran lunga sufficienti per
un milione di vite.
Pare quasi un peccato
perdersi tutto questo.
Penso che adesso ci immergerò la punta del piede.

Anna in her Garden
Donald Adamson

(in memoriam Anna Piselli, 1932–2018*)

You motioned us to silence
when we went there – was it because
of the birds and animals? As much
we guessed, you had the plants in mind
since only you had words to calm them.

In hot Italian afternoons your garden
was paradise, and you
the fairest flower. Eighty-five your age
and lovely always, clear to anyone
how you had been a model
for artists in your girlhood, lit a passion
in one already famous – till your mum
ended it, burned the works he gave you –
except for those you'd hidden
in your underwear. You smiled at that.

'I'm too busy in my garden
to grow old,' you said. Like Proserpine
you burned away the Stygian gloom
where Pluto sulked and snarled, rejecting
his cold kiss. Now you leave with us
an essence as from flowers in your garden
of all that's beautiful. Dear Anna,
much loved, much missed.

* *The story of the love between Anna Piselli and the English artist Peter Lanyon appeared in the Italian press: search for la-modella-di-anticoli-e-il-pittore-inglese-un-amore-negato*

Anna nel suo giardino

Traduzione di Anna Ciraldo

(in memoriam Anna Piselli, 1932-2018)

Ci facesti cenno di fare silenzio
quando ci recammo lì – era per via
degli uccelli e degli animali? Per quanto
avevamo intuito, intendevi le piante
dato che solo tu possedevi le parole per calmarle.

Nei caldi pomeriggi italiani il tuo giardino
era un paradiso, e tu
il fiore più bello. Ottantacinque anni di età
e sempre incantevole, chiaro a chiunque
quanto tu sia stata una modella
per gli artisti nella tua giovinezza, accendesti la passione
in uno già famoso – finché tua madre
mise fine alla storia, bruciando le opere che ti donò –
tranne quelle che avevi nascosto
nella tua biancheria intima. Sorridesti a tal proposito.

'Sono troppo occupata con il mio giardino
per invecchiare', dicesti. Come Proserpina
bruciasti via la tetra oscurità
dove Plutone grugniva e ringhiava, respingendo
il suo freddo bacio. Ora ci lasci
un'essenza come dai fiori nel tuo giardino,
di tutto ciò che è bello. Cara Anna,
tanto amata, tanto compianta.

* *La storia dell'amore tra Anna Piselli e l'artista inglese*
Peter Lanyon è apparsa nella stampa italiana: è reperibile cercando
la-modella-di-anticoli-e-il-pittore-inglese-un-amore-negato

Lenin in Capri*
Donald Adamson

The beauty here is cloying –
ever-blooming gardens, luminous skies, azure seas where shoals of dolphins
swim to the horizon. Do they too
have their struggle I wonder? They may, but it is not ours.

This is no place to school revolutionaries. Gorki is mistaken.

It is an island of effeminates, men living with men,
hermaphrodite novelists, dribbling out their sentimentalities…
Wilde…Maugham… *Pah!*

Flower-sniffing pederasts, parasites… How much better
in Tampere, that snow-bound workers' city, the crowds
pouring out of Finlayson's factory –
yes Finlayson, that wily Scots capitalist and Tsarist boot-licker
but part of the inevitability of progress, our progress.

There were fine fellows at that colloquium: comrades,
men with fire in their bellies, that young Georgian,
a rough diamond, destined for leadership. He'd been a poet,
he told me. Ah well, the cause needs poets. They create good slogans.

He'll make a name for himself.
A new name. Maybe the one I suggested to him.
Joseph Stalin, man of steel.

---

* *Lenin came to Capri in 1908, visiting Maxim Gorki. He had already met Stalin at a conference in Tampere, Finland, in 1905. Finland was then a Grand Duchy of Russia.*

Lenin a Capri

Traduzione di Vitopaolo De Rosa

La bellezza di questo luogo è stucchevole –
giardini perenni, cieli luminosi, mari azzurri dove banchi di delfini
nuotano verso l'orizzonte. Che abbiano anche loro
i propri dilemmi, mi domando. Forse, ma non sono i nostri.

Non è il luogo adatto per educare rivoluzionari. Gorki si sbaglia.

È un'isola di effeminati, uomini che vivono con uomini,
scrittori ermafroditi, che trasudano leziosità...
Wilde... Maugham... *Puah*!

Pederasti, parassiti e mammolette... Molto meglio
Tampere, quel villaggio operaio avvolto dalle nevi, dove le folle
si accalcano fuori delle fabbriche Finlayson –
proprio Finlayson, quello scaltro scozzese capitalista ruffiano e zarista
ma parte dell'inesorabile progresso, del nostro progresso.

Vi erano degli individui interessanti al colloquio: compagni,
uomini col fuoco nelle vene, quel giovane georgiano,
un diamante grezzo destinato al comando. Era stato un poeta,
mi disse. Ah beh, i poeti servono alla causa, inventano buoni slogan.

Si farà un nome,
Un nome nuovo. Magari quello che gli ho suggerito.
Joseph Stalin, l'uomo d'acciaio.

---

* *Lenin andò a Capri nel 1908 per incontrare Maxim Gorki. Aveva già conosciuto Stalin ad una conferenza a Tampere, in Finlandia, nel 1905. Al tempo la Finlandia era uno dei Gran Principati russi.*

Tresbon Compri

Donald Adamson

(From my Uncle Willie's letters from France, July–August 1918)

My uncle doesn't need to be a scholar
to buy ufs
('that is how the word sounds')
and du lai
('which is milk')

doesn't need to be
a hiker, rambler, poet or nature-lover
to go with his mate into the country and
('what do you think we found,
apples and pears growing by the side of the road
so we had a good feed of them,
and there is also walnuts
but they are not quite ripe yet')

doesn't need to be a comforter
or a loving son
or a brother with – I imagine it now –
an impish grin on his face
('everything is tresbon compri
just ask Jean what that is,
and if she remembers anything of her French
she will be able to tell you what it means')

doesn't need to be anything at all –

though killed the next day
(aged eighteen years and nine months)
he could have been.

Tresbon compri

Traduzione di Vitopaolo De Rosa

(Tratto dalle epistole di mio zio Willie dalla Francia tra luglio e agosto 1918)

Mio zio non necessita d'esser un accademico,
per comprar le ufs,
('è così che si pronuncia')
e du lai
('cioè del latte')

non necessita d'esser
girovago, escursionista, poeta o ambientalista
per andar in campagna con l'amico e
('Sai cosa abbiam trovato?
Pere e mele cresciute a bordo strada,
così ne abbiam tratto un buon pasto,
trovammo anche delle noci
ma non erano ancora mature')

non necessita d'esser consolatore
o figlio amorevole
o fratello con – l'ho proprio davanti agli occhi –
un ghigno scaltro in volto
('ogni cosa è tresbon compri
chiedine il significato a Jean,
e se ricorda ancora il francese
saprà spiegarti cosa significa')

non necessita d'esser nulla in particolare –

seppur, il giorno seguente
(all'età di diciotto anni e nove mesi)
l'avrebbero potuto uccidere.

Sunset on the Horizon

Sue Guiney

More than the sphere of sunlight slipping
   behind a row of clouds,
more than the harbor's light blue reflecting
   a day's-worth of colorful sky,
more than the hedgerow's green barely swaying
   in the remnants of today's coastal breeze

it's the shadow,
   without color as the day turns to night,
of the mountains in the distance
   still close enough to see their contours,
as if my eyes have lost
   all capacity for clarity.

I watch sunset fall from my window seat,
   propped by a pillow, cocooned in a blanket
of static and polyester meant to convey
   the illusion of safety and welcome
as if I had found
   home.

The sounds I hear come from within my own ears.
The thoughts just the nonsense I've created by my fears
that I'll outlast the clouds and the sky and the breeze,
and the mountains themselves will stride off into the night
and I'll be left awake and aching for a life
I've yet to dream.

Tramonto all'orizzonte

Traduzione di Vitopaolo De Rosa

Oltre alla sfera di sole calante
   celata da file di nubi,
oltre all'azzurro del porto specchiante
   di un giorno intero di variopinto cielo,
oltre al verde della siepe ondeggiante
   fra i soffi odierni della brezza costiera

c'è l'ombra,
   incolore al calare del sole,
di montagne lontane
   così vicine da vederne i contorni,
come se la mia vista
   avesse perso chiarezza.

Guardo il tramonto calare dal finestrino,
   poggiata su cuscini, avvolta da coperte
di scosse elettriche e poliestere che ostentano
   un senso di protezione e accoglienza
come se avessi ritrovato
   casa.

Sento suoni che son frutto del mio udito.
I pensieri, bugie frutto del mio cuore atterrito
che io possa sopravvivere alle nubi e al cielo e alla brezza,
e che le stesse montagne possano fuggire nella notte
mentre, sveglia, agogno una vita
che devo ancora sognare.

Sandals on a Porch
Sue Guiney

There is a sadness in two sandals on a porch.
The heel of one lies lightly on the other
poised to dance back to the beach.
Through wisps of mown grass and pebbled walkways
undiscovered sand gets mixed with yesterday's muck
unstuck from rubber grooves, by laughter and summer heat.

There is a sadness, too, when I see them from an ocean's distance,
pushing against my memory. I can hear them crying *how about us?*
Do they stay warm, I wonder, huddled against each other in the corner
where deck meets house, blanketed by weeks of dust and a season of snows?
I imagine cold rubber against my foot. The snap of the cracking frozen sole
stings my ear, makes my eyes tear.

Sandali in veranda

Traduzione di Vincenzo Aversa

C'è del triste in due sandali in veranda.
Il tacco di uno poggiato lievemente all'altro,
pronti a ritornare in spiaggia per ballare.
Tra fili d'erba tosata e sentieri acciottolati
sabbia nascosta si mescola alla fanghiglia di ieri
ancora salda alle suole, prima delle risate e della calura estiva.

C'è del triste anche quando li vedo a un oceano di
distanza,
che spingono contro la mia memoria. Li sento gridare *pensi
a noi?*
Sono al caldo, mi chiedo, accoccolati l'uno all'altro
nell'angolo
dove la veranda incontra la casa, ammantati da settimane di
polvere e una stagione di neve?
Mi immagino la gomma fredda a contatto col mio piede. Lo
schiocco della suola intirizzita
mi punge l'orecchio, mi porta le lacrime agli occhi.

Trading in the Vespa
Sue Guiney

Born into a different generation
this impressionable young girl,
with starry eyes full of clichéd dreams,
was not impressed by semi-naked female vocalists
slinking across her tv screen, or films full of leather-clad
Amazons wielding Uzis and bowie knives.
No images of either Madonna
filled the fantasies of this almost woman.

No, they were not for her. Not for me.
Instead, I watched 'Roman Holiday':
Audrey Hepburn, Gregory Peck
racing through Rome's sun-dazzled streets
and I fell in love

with youth, beautiful and daring;
Italy, ancient and new;
with a scooter's pastel curves,
solid footrests to cup my feet;
a strong, clear windscreen offering
all the protection I'd ever need.

Oh, beautiful Vespa! Oh, Rome of my imaginings!
But now my husband sits and proclaims 'No!
No Vespa. Not now. Too dangerous,
too crazy, too...too...'

and I admit perhaps it is better
finally to rely on the adventure of his protection
especially since the poor guy's loved me so much,
in his own bossy way,
for a lifetime.

Barattando la Vespa

Traduzione di Vincenzo Aversa

Nata in una generazione differente
questa impressionabile ragazzetta,
dagli occhi ingenui e pieni di sognanti cliché,
non era impressionata da cantanti seminude
che passavano sullo schermo della sua tv, o da film pieni di corazzate
Amazzoni che brandivano Uzi e coltelli Bowie.
Nessuna immagine di Madonna
alimentava la fantasia di questa quasi donna.

No, non facevano per lei. Non per me.
Piuttosto, io guardavo "Vacanze Romane":
Audrey Hepburn, Gregory Peck
sfrecciando per le strade assolate di Roma
e mi sono innamorata

della giovinezza, bella e audace;
l'Italia, di ieri e di oggi;
delle linee pastello di uno scooter,
pedalini forti che accolgono i miei piedi;
un gagliardo, chiaro parabrezza mi offre
tutta la protezione che può mai occorrermi.

Oh, Vespa magnifica! Oh, Roma delle mie fantasie!
Ma ora mio marito da seduto tuona "No!
Niente Vespa. Non ora. Troppo pericoloso,
troppo folle, troppo…troppo…"

e forse ammetto che è meglio,
in fin dei conti, affidarsi all'avventura della sua protezione.
Soprattutto perché il caro ragazzo mi ama così tanto,
col suo fare un po' dispotico,
da una vita.

Kali Goddess Inside
Elizabeth Uter

I am the modern day *Kali*
– I stick out my tongue
to calm myself down.

About my neck is a choker
of skulls – I bring destruction
from my womb – see the smoke

of demolition wafting
-- a charnel house – of corpses
rotting before your nose.

Wicked, dead things please me,
they are final oblivion as is
my crown – a garland of severed heads –

– cut up, broken arms make up my skirt.
Ire flashes from my eyes when I regard all evil.
I am protector of the weak – the innocent but

must destroy, to level up an unbalanced world
with sword of righteousness curving in my hand
to hack the backs of brutal, violent ones

– see – I play them at their own game
and always win. I am overwhelming in
my feminine divinity. I am scary, bloodthirsty

in my duty. I am she who is black,
she who is '*Death*,' bereft of compassion
for the things of the night that seek corruption

– slithering in the day – I tear down ignorance
– build up education – enlightenment in pain

Dea Kali dentro

Traduzione di Vincenzo Aversa

Sono la *Kali* dei tempi moderni.
Tiro fuori la lingua
per placarmi.

Al mio collo c'è una catena
di teschi. Porto distruzione
dal mio ventre. Guarda il fumo

della demolizione aleggiare.
Un ossario di salme
che marciscono dinanzi al tuo naso.

Godo del maligno, della morte,
sono l'oblio definitivo, così come
la mia corona: una ghirlanda di teste recise.

Braccia rotte, spezzate, formano la mia gonna.
Ira guizza dai miei occhi quando contemplo il male.
Sono la protettrice dei deboli, degli innocenti, ma

devo distruggere, per livellare un mondo squilibrato
con la spada della rettitudine ricurva nella mia mano
e colpire alle spalle i bruti, i violenti.

Guarda, li sfido al loro stesso gioco
e vinco sempre. Sono irrefrenabile nella
mia femminile natura divina. Sono sinistra, sanguinaria,

nel mio operare. Sono colei che è nera,
colei che è "*Morte*", priva di compassione
per le cose della notte che cercano corruzione

strisciando nel giorno. Abbatto l'ignoranza,
creo educazione, illuminazione nel dolore.

– I aid those striving for Goddess' knowledge.

My name is mother. I am nurturer.
The nurse of all living things. Above all,
mine is a true lesson in the toughest of love.

When Darkness Rushes
Elizabeth Uter

Three are neighbours looking in at you
under the cover of night,
looking, where there is nothing to see.
There are curtains dripping
in the wind, following silently,
falling like ice, against open windows
in the cold, cold blow of a night
that might never end.
Often in my child's laughing eye,
the world swings higher at night,
no longer blinded by the day.
For eyes have not yet been made
to look at this sun; have not yet learnt to
nose in its direction.

It reminds me of the man
with a lighted lamp, searching
in daylight for an honest man,
peering into faces aided by the lights,
but, seeing nothing; like a blossom
warming its heart in the sky, unaware
of its roots underground;
like a laugh awaiting its joke, heedless
of the mind that must come before.
The night is day to darkness
and the day, the dark, to light.

Aiuto coloro che bramano la sapienza della Dea.

Il mio nome è madre. Io sono nutrice.
La balia di tutte le cose viventi. Più di tutto,
la mia è una vera lezione sul più spietato degli amori.

Quando l'oscurità irrompe
Traduzione di Chiara Costantini

Dei vicini ti osservano
con il favore della notte,
ti osservano, lì dove non c'è nulla da vedere.
Tende gocciolanti
nel vento seguono in silenzio,
cadono come il ghiaccio, contro le finestre aperte
nel gelido, gelido soffio di una notte,
che potrebbe non finire mai.
Spesso nel mio sguardo allegro da bambino,
di notte il mondo oscilla più in alto,
non più accecato dalla luce del giorno.
Poiché gli occhi non sono stati creati
per ammirare questo sole; ancora non hanno imparato
a guardare nella sua direzione.

Mi ricorda quell'uomo
con una lampada accesa, alla ricerca
di un uomo onesto alla luce del giorno,
che scrutava i volti con l'aiuto delle luci,
ma senza scorgere nulla; come un fiore
che riscalda il suo cuore nel cielo, ignaro
delle sue radici sottoterra;
come una risata che attende la sua battuta, incurante
della mente che deve precederla.
La notte è giorno per le tenebre
e il giorno, tenebre, per la luce.

Seasons adrift, senses confused,
days shrugging by, full when fullness
should be dead and barren when plenty
should reign, inappropriate by colour,
sound and not design.

And now, the last few drops of day
usher sleep in and in the silence
it lives awhile clinging to its heart's edge
and then forgets its name.
When darkness rushes in,
a shutter falls, the room is dim.
As old as the first baby arising
from the womb: 'you cannot look without
until you look within'. It's written in stone;
I forget the name of the stones,
but they make me shiver as they stand up
warm against the breathing,
evening sky.

Stagioni alla deriva, sensi confusi,
giorni passano indifferenti, pieni quando la pienezza
dovrebbe essere morta e sterili quando l'abbondanza
dovrebbe regnare, inadatta per colore,
suono ma non per progetto.

E ora, le ultime gocce del giorno
accompagnano il sonno e nel silenzio
vive per un po' mentre si stringe al ciglio del suo cuore
e poi dimentica il suo nome.
Quando l'oscurità irrompe,
una persiana si chiude, la stanza diventa buia.
Antico come il primo essere umano che esce
dal grembo materno: "non puoi guardare al di fuori
finché non guardi dentro di te". È scolpito sulla pietra;
Io dimentico il nome delle pietre,
ma sono scossa da un fremito quando si ergono
calde contro il cielo vivo
della sera.

How Many Feet?
Elizabdth Uter

My feet are held back on the track-like turf of a 266,
this bus my starting block as the doors swish open.
I'm up and out without whistle or bell,
racing to the Willesden Junction Station.
So many steps dancing, and twirling with more feet
falling to the tune of a gritty walkway that leads to
regions of transition, zones of convergence.
I swipe the oyster to open and close
a world of barriers in a landscape of transit.
Always in a hurry to reach before the quarter,
if I miss this, the next arrives fifteen minutes on,
bringing me to a place of late, wherever I need to be.

So many people like waters meeting,
on a tide of tubes opening and closing.
Commuters – dozy wasps – once vocal now
confused in the stiff Spring air, one, two, three
are losing their way as options branch before them.
The salt white platform is ground under walkers' heels,
a song of London feet that in a lifetime have paced
an age without end, the scuff marks on my shoes whisper,
'Five and a half miles of interchange.'
Every hour a winter for the lonely, drifting souls
who travel the line to do a day's work in
an on-the-go city that never dreams, can never sleep.

Quanti piedi?
Traduzione di Chiara Costantini

I miei piedi sono bloccati sulla pista simile ad un manto erboso
di un 266,
questo bus il mio punto di partenza mentre le porte si aprono
con un fruscio.
Salgo e scendo senza fischio o campanella,
di corsa verso la stazione di Willesden Junction.
Tanti passi danzano e volteggiano insieme ad altri piedi
cadendo al ritmo di un granuloso passaggio che conduce verso
regioni di transizione, zone di convergenza.
Striscio la carta per aprire e chiudere
un mondo di barriere in un paesaggio di transito.
Sempre di fretta per arrivare prima del quarto d'ora,
se lo perdo, il prossimo arriverà tra quindici minuti,
portandomi in ritardo, ovunque io debba essere.

Tante persone come acque che si incontrano,
in una marea di treni che si aprono e si chiudono.
Pendolari – vespe assopite – un tempo rumorosi adesso
confusi nella rigida aria primaverile, uno, due, tre
smarriscono la via mentre le alternative si diramano davanti a loro.
Il binario bianco sale è ridotto in polvere sotto i talloni dei passanti,
una melodia di piedi londinesi che in un'esistenza hanno percorso
un'epoca senza sosta, i segni dei graffi sulle mie scarpe sussurrano,
"Cinque miglia e mezzo di scambi."
Ogni ora un inverno per le anime solitarie, alla deriva
che viaggiano per svolgere una giornata di lavoro
in una città in movimento che non dorme mai, non trovano mai pace.

From an Armchair
Christopher North

Beyond the range of the Tsar's photographer,
the Tanguska forest of the meteorite
and its flower of blasted pines;

beyond the islands of the Gulag
and the road of bones through endless forest
where winter is norm, lives pass unrecorded,

where epics unfold their progress in silence,
towns work through unknown narratives
and all are outside the great conversation.

Beneath sky-scapes lashed with stars
and the unfolding green of borealis;
through Yakutsk to Sakha and ice crushed bridges,

between frozen mountains, lies Omyakon.
And here they say in winter words freeze
as they leave your mouth to fall numbly in the snow.

They make a tundra packed with gossip,
cries of love, argument and greeting,
speeches and shouts petrified in depths of ice

until one midday when larch are greening
and Golden-root smiles at the low sun,
words rise into air as if from a hatch flung open

to fill the town like birdsong and running water.

Da una poltrona
Traduzione di Chiara Costantini

Al di là della portata del fotografo dello zar,
della foresta del meteorite di Tanguska
e del suo fiore di pini rasi al suolo;

al di là delle isole del Gulag
e della strada di ossa attraverso la foresta infinita
dove l'inverno è la norma, le vite passano anonime,

dove le epopee si susseguono in silenzio,
le città lavorano attraverso narrazioni ignote
e tutti restano al di fuori della grande conversazione.

Sotto cieli tempestati di stelle
e il verde dell'aurora boreale che si espande;
attraverso Yakutsk fino a Sakha e i ponti frantumati dal ghiaccio,

tra le montagne ghiacciate, giace Omyakon.
Qui dicono che in inverno le parole diventano di ghiaccio
non appena abbandonano la bocca per cadere passivamente nella neve.

Creano una tundra colma di chiacchiere,
grida d'amore, discussioni e saluti,
discorsi e urla pietrificate nelle profondità del ghiaccio

finché, a mezzogiorno, quando i larici rifioriscono
e la radice d'oro sorride al sole basso all'orizzonte,
parole si librano in aria come da una botola spalancata

per riempire la città come il canto degli uccelli e l'acqua che scorre.

The Smudge of Andromeda
Christopher North

Counting the trillion or so stars of Andromeda
or persuading others to count the trillion or so
stars of Andromeda — and considering the
apparent impossibility of counting
the trillion or so stars of Andromeda —
or maybe containing them in a dark room
and closing the door — preferably a room
where despite the dark, and the curtained windows,
all the pictures on the walls are shrouded.

They will be going on and being present in the room
beside the trillion or so stars of Andromeda,
also going on and being present in the room
as outside in the evening sky and its first planets,
the wood will be breathing and the last
of the day's swallows will be flicking through the air
seeking roosts in the darkening trees and roof spaces.

La macchia di Andromeda

Traduzione di Assunta Anna Pia Roviello

Contando i circa mille miliardi di stelle di Andromeda
persuadendo altri a contare i circa mille miliardi di
stelle di Andromeda, e considerando
l'apparente impossibilità di contare
i circa mille miliardi di stelle di Andromeda,
o magari contenendole in una stanza buia
chiudendo la porta, preferibilmente una stanza
dove nonostante il buio, e le finestre con tende,
tutte le immagini sulle pareti da esse sono avvolte.

Continueranno ad esistere e ad essere presenti nella stanza
accanto ai circa mille miliardi di stelle di Andromeda,
continuando ad esistere ed essere presenti nella stanza
come al di fuori nel cielo serale e i suoi primi pianeti,
il bosco respirerà e le ultime
rondini del giorno svolazzeranno nell'aria
cercando riparo tra alberi che diventano scuri e tra gli spazi dei tetti.

Sudden Jazz after Interesting Paperback
Christopher North

Sky deepening velvet
and the mysterious seven appear
to throw their wild claim across these shadowy mountains
involved, as they are, in Transylvanian gestures.

Through mid-ground flares of side-lit barley
and dim cactus candelabras, the concepts flicker.
Each contains a shuffle of convolutions far from
the hushed libraries – the domey bibliophiles.

Wishing and washing the air,
they are a tide glittering out there
away from this moony hammock
and its Baskerville thoughts.

No-one's in charge –
(save the threaded power cables)
– a sax pecks and bites, then snuffles before serious research
that ends in a scramble or one could say mélange,

a free-line romp along the ridge line –
then babble from the rabble
before the whole jingling entity
gropes its way towards druggy madrugada.

Odd chirrup. Deep vibrato –
the dancing seven recede and recede
so its back to the back-cover blurb,
and re-savouring the tangy resonance of the closing chapter.

Improvviso jazz dopo una lettura interessante

Traduzione di Cristina Donniacuo

La sera si veste di velluto
e i misteriosi sette appaiono
per fare una clamorosa rivelazione tra queste ombrose montagne
esibendosi in movenze transilvane.

Tra i bagliori a mezz'aria dei campi biondeggianti
e il vago profilo dei cactus, i concetti baluginano.
Ciascuno racchiude un vortice di convoluzioni
lontano dalle biblioteche ovattate – le cupole degli accademici.

Agitando debolmente l'aria,
sono una marea che scintilla là fuori
lontano da questa amaca lunare
e dai suoi pensieri in Baskerville.

Nessuno in carica –
(a parte i cavi di alimentazione)
 – un sassofono becca e morde, poi tira su col naso prima di fare sul serio
per poi finire con un'accozzaglia, o per meglio dire un mélange,

un libero sfogo lungo la linea di cresta –
poi il farfugliare della folla
prima che l'intera entità risonante
si diriga barcollando verso la madrugada tossica.

Strano cinguettio. Vibrato profondo –
i sette danzanti si ritirano e si allontanano
si torna quindi al trafiletto della quarta di copertina,
a riassaporare l'amaro retrogusto del capitolo conclusivo.

The Poets

Károly Bari is a poet of prodigious ability and precocious achievement who at the age of 17 published a volume of poetry of such startling originality and power that he immediately established himself as a major figure in contemporary Hungarian literature. A storyteller, translator, editor, painter and folklorist, he has won most major Hungarian literary prizes.

Donald Adamson is a poet and translator from Scotland, living in Finland. His most recent collection, *Bield*, was published by Tapsalteerie. He has been a prize-winner in many poetry competitions.

Sebastian Stefan Coman is Romanian and currently studying languages at the West University of Timișoara. He is fluent in Romanian and English and is learning German. He has written poetry in English since his early teens. His growing portfolio of work is leading toward his own published collection.

Martyn Crucefix's books include *These Numbered Days*, translations of poems by Peter Huchel (Shearsman, 2019) which won the 2020 Schlegel-Tieck Translation Prize, and *Cargo of Limbs* (Hercules Editions, 2019). He has three more due out in 2023/24, including a major *Rilke Selected* (Pushkin Press). He is a Royal Literary Fund Fellow at The British Library and blogs at www.martyncrucefix.com.

Lidija Dimkovska, a poet, novelist, essayist and translator, was born in Skopje, North Macedonia, and lives in Ljubljana, Slovenia. She holds a PhD in Romanian literature from the University of Bucharest, where she worked as a lecturer of Macedonian language and literature. She is widely published and her books have been translated into 15 languages.

The latest collection of **Philip Gross**, *The Thirteenth Angel* (Bloodaxe, 2022), was shortlisted for the TS Eliot Prize. He is a keen collaborator, working with Lesley Saunders on *A Part of the Main* (Mulfran, 2018), with scientists on the young people's collection *Dark Sky Park* (Otter-Barry, 2018) and with artist Valerie Coffin Price and Welsh-language poet Cyril Jones on *Troeon/Turnings* (Seren, 2021).

I poeti

Károly Bari è un poeta di abilità prodigiosa e un talento precoce che all'età di 17 anni ha pubblicato un volume di poesie di tale sorprendente originalità e potenza che si è subito imposto come una delle figure più rappresentative nel panorama della letteratura ungherese. Narratore, traduttore, pittore e folclorista, ha vinto i più importanti premi nell'ambito della letteratura ungherese.

Donald Adamson è un poeta e traduttore scozzese che vive in Finlandia. La sua raccolta più recente, *Bield*, è stata pubblicata da Tapsalteerie. Ha vinto premi in numerose competizioni poetiche.

Sebastian Stefan Coman è rumeno e studia Lingue Straniere presso l'università di Timişoara. Parla fluentemente rumeno e inglese e sta imparando il tedesco. Ha scritto poesie in inglese fin da adolescente. Presto pubblicherà la sua prima raccolta di poesie.

I libri di **Martyn Crucefix** includono *These Numbered Days*, traduzioni delle poesie di Peter Huchel (Shearsman, 2019) che nel 2020 ha vinto lo Schlegel-Tieck Translation Prize e *Cargo of Limbs* (Hercules Editions, 2019). Ha altri tre libri in corso di stampa, tra cui *Rilke Selected* (Pushkin Press). È un Royal Literary Fund Fellow presso la British Library e cura un blog, www.martyncrucefix.com.

Lidija Dimkovska, poetessa, romanziera, saggista e traduttrice, è nata a Skopje, Macedonia del Nord, e vive a Ljubljana in Slovenia. Ha un dottorato in Letteratura rumena presso l'Università di Bucarest, dove ha lavorato come docente di lingua e letteratura macedone. Ha diverse pubblicazioni e i suoi libri sono stati tradotti in 15 lingue.

L'ultima raccolta di **Philip Gross**, *The Thirteenth Angel* (Bloodaxe, 2022), è stata selezionata per il TS Eliot Prize. Ha lavorato con Lesley Saunders in *A Part of the Main* (Mulfran, 2018), con alcuni scienziati alla raccolta per giovani adulti *Dark Sky Park* (Otter-Barry, 2018) e con l'artista Valerie Coffin Price e il poeta gallese Cyril Jones a *Troeon/Turnings* (Seren, 2021).

Sue Guiney is a poet, novelist and educator. She has a special relationship with Cambodia which features in much of her writing. She is the founder and executive director of the international educational charity, Writing Through (www.writingthrough.org), which uses creative writing to develop thinking skills, language fluency and self-esteem.

Gabor G Gyukics is a prolific author with books of poetry, prose and translations including *A Transparent Lion*, selected poetry of Attila József (Green Integer), an anthology of North American Indigenous poets in Hungarian published in 2015, and a contemporary Hungarian poetry anthology titled *They'll be Good for Seed* (White Pine Press, 2021). The National Beat Poetry Foundation honoured him with the Hungarian Beat Poet Laureate lifetime award.

Thi Thu Ha Hoang is from Hanoi, Vietnam, and currently lives in Brussels with her fiancé. She has always enjoyed observing the world around her and writing about her life experiences, especially those of her home culture back in Vietnam. This is her first published work.

Kelly Kaur grew up in Singapore and lives in Calgary, Canada. Her publications include her novel, *Letters to Singapore*, and poems, fiction and nonfiction pieces in international journals and anthologies. She is a preliminary reader for IHRAF Publishes, International Human Rights Arts Festival, New York, and is an editor for their anthology, *From Africa with Love*.

Christopher North and his wife, Marisa, facilitated writing retreats/courses at Almassera Vella in Relleu, Alicante, Spain. His first collection, *A Mesh of Wires* (Smith Doorstop), was short-listed for the UK's Forward Prize in 1999. His latest of five collections, *The Topiary of Passchendaele*, was a winner in Poetry Business competition 2018. He chairs the Poetry Society's Stanza Alacant.

Peter Roberts started writing poetry in 2016. His work has been published in various anthologies, magazines and online. He won the Dumfries and Galloway Fresh Voice Award at the Wigtown Poetry Prize in 2020. His first pamphlet collection, *Night Owling*, was published by Dempsey and Windle in March 2022.

Stewart Sanderson is a poet based in Glasgow. His first full-length collection, *The Sleep Road*, was published in 2021 by Tapsalteerie.

Sue Guiney è una poetessa, romanziera ed educatrice. Ha una relazione particolare con la Cambogia che si può apprezzare in molte delle sue produzioni. È fondatrice e direttrice esecutiva della fondazione benefica internazionale Writing Through (www.writingthrough.org) che usa la scrittura creativa per sviluppare abilità critiche, padronanza linguistica e autostima.

Gabor G Gyukics è un autore prolifico di poesie, prosa e traduzioni che includono *A Transparent Lion*, poesie scelte di Attila József (Green Integer), un'antologia di poeti nativi nordamericani tradotta in ungherese nel 2015 e una raccolta di poesie ungheresi contemporanee intitolata *They'll be Good for Seed* (White Pine Press, 2021). La National Beat Poetry Foundation gli ha assegnato il riconoscimento di Hungarian Beat Poet Laureate.

Thi Thu Ha Hoang è di Hanoi, Vietnam, e attualmente vive a Bruxelles. Ha sempre amato osservare il mondo che la circonda e scrivere delle sue esperienze personali, in particolare quelle legate alla sua cultura di origine. Questa è la sua prima pubblicazione.

Kelly Kaur è cresciuta a Singapore e vive a Calgary, in Canada. Le sue pubblicazioni includono il romanzo *Letters to Singapore*, poesie, fiction e articoli in riviste internazionali e antologie. È curatrice di bozze per l'IHRAF Publishes, International Human Rights Arts Festival di New York e curatrice della loro antologia *From Africa with Love*.

Christopher North e sua moglie hanno gestito corsi e ritrovi per scrittori presso la Almassera Vella a Relleu, Alicante, Spagna. La sua prima raccolta di poesie, *A Mesh of Wires* (Smith Doorstop), è stata nominata per lo UK's Forward Prize nel 1999. L'ultima delle sue cinque raccolte, *The Topiary of Passchendaele*, ha vinto la Poetry Business competition nel 2018. Presiede la Poetry Society's Stanza Alacant.

Peter Roberts ha cominciato a scrivere poesie nel 2016. I suoi lavori sono stati pubblicati in diverse antologie, riviste e online. Ha vinto il Dumfries and Galloway Fresh Voice Award al Wigtown Poetry Prize nel 2020. La sua prima raccolta, *Night Owling*, è stata pubblicata da Dempsey and Windle nel marzo del 2022.

Stewart Sanderson è un poeta che vive a Glasgow. La sua prima raccolta, *The Sleep Road*, è stata pubblicata nel 2021 da Tapsalteerie.

Elizabeth Uter is an award-winning poet whose published works include *I Give My Word* pamphlet, *Echoes* poetry anthology, *Womanhood* anthology (2022); *Writing from Inlandia*, *BeWILDering Poems by Willesden Junction Poets*, *This Is Our Place* anthology (2020/2021); *Bollocks To Brexit* anthology, Reach/Sarasvati magazines (2019). She won the 2018 Poem for Slough competition.

Annie Wright's second full collection, *Dangerous Pursuit of Yellow*, was published in 2019 (Smokestack Books). Annie leads poetry writing workshops and runs The Lit Room Press. She helps organise the Big Lit festival in southwest Scotland and is a writer, performer and editor with Vane Women Press in northeast England.

Elizabeth Uter è una poetessa premiata le cui pubblicazioni includono *I Give My Word*, l'antologia Echoes Poetry, l'antologia *Womanhood* (2022), *Writing from Inlandia*, *BeWILDering Poems by Willesden Junction Poets*, l'antologia *This Is Our Place* (2020/2021), l'antologia *Bollocks To Brexit*, Reach/Sarasvati magazines (2019). Ha vinto il concorso di Slough nel 2018.

La seconda raccolta di **Annie Wright**, *Dangerous Pursuit of Yellow*, è stata pubblicata nel 2019 (Smokestack Books). Annie tiene seminari di scrittura poetica e gestisce la Lit Room Press. Collabora con il Big Lit festival nel sudovest della Scozia ed è scrittrice, performer e editor presso la Vane Women Press nel nordest dell'Inghilterra.

Acknowledgements

The publisher gratefully acknowledges the poets' permission to reproduce their work from the following books and sources:

Donald Adamson: 'Tresbon Compri' in *Dreich* magazine (2020); 'A Good Drowning', 'Anna in her Garden' and 'Lenin in Capri' in manuscript.

Károly Bari (translated from Hungarian by Gabor Gyukics): 'Incomplete Sea', 'In the manner of Mas'ud-i Sa'd-i Salmān', 'Snowfall' and 'Smoke-Roots' in manuscript.

Sebastian Coman: 'Poem 1', 'Poem 2' and 'Poem 5' in manuscript.

Martyn Crucefix: 'The renovation near Sansepolcro' and 'The Lovely Disciplines' in *The Lovely Disciplines* (2017); 'On night's estate' in *An English Nazareth* (2004).

Lidija Dimkovska (translated from Macedonian by Ljubica Arsovska and Patricia Marsh): 'Suitcases' and 'The Watch' from *Selected Poems – What Is It Like* (2022).

Gabor Gyukics: 'Mystique Movements' in Czech magazine *Protimluv* (Issue 2023/1), in Ostrava & Welsh Magazine *Bardas 2023*; 'Zooming Footsteps' in manuscript.

Philip Gross: 'Changes of Address' in *Changes of Address* (2001); 'Windfarm at Sea' in *A Bright Acoustic* (2017); 'Mappa Mundi' in *Mappa Mundi* (2003).

Sue Guiney: 'Trading in the Vespa' in *Her Life Collected* (2011); 'Sunset on the Horizon' and 'Sandals on a Porch' in manuscript.

Thi Thu Ha Hoang: 'Fortune' and 'Aunt Ba's Jackfruit Tree' in manuscript.

Ringraziamenti

L'editore esprime la sua riconoscenza ai poeti per il consenso a riprodurre le loro opere tratte dai seguenti libri e fonti:

Donald Adamson: 'Tresbon Compri' nella rivista *Dreich* (2020); 'A Good Drowning', 'Anna in her Garden' e 'Lenin in Capri' in manoscritto.

Károly Bari (tradotto dall'ungherese da Gabor Gyukics): 'Incomplete Sea', 'In the Manner of Mas'ud-i Sa'd-i Salmān', 'Snowfall' e 'Smoke-Roots' in manoscritto.

Sebastian Coman: 'Poem 1', 'Poem 2' e 'Poem 5' in manoscritto.

Martyn Crucefix: 'The Renovation Near Sansepolcro' e 'The Lovely Disciplines' in *The Lovely Disciplines* (2017); 'On night's estate' in *An English Nazareth* (2004).

Lidija Dimkovska (tradotto dal macedone da Ljubica Arsovska e Patricia Marsh): 'Suitcases' e 'The Watch' in *Selected Poems – What Is It Like* (2022).

Gabor Gyukics: 'Mystique Movements' nella rivista ceca *Protimluv* (2023/1), e nella rivista gallese Bardas 2023; 'Zooming Footsteps' in manoscritto.

Philip Gross: 'Changes of Address' in *Changes of Address* (2001); 'Windfarm at Sea' in *A Bright Acoustic* (2017); 'Mappa Mundi' in *Mappa Mundi* (2003).

Sue Guiney: 'Trading in the Vespa' in *Her Life Collected* (2011); 'Sunset on the Horizon' e 'Sandals on a Porch' in manoscritto.

Thi Thu Ha Hoang: 'Fortune' e 'Aunt Ba's Jackfruit Tree' in manoscritto.

Kelly Kaur: 'Unheard Stories' in *Singa, Literature in Singapore* No. 30 (2000); 'The Justice of Death' in manuscript.

Christopher North: 'From an Armchair' and 'The Smudge of Andromeda' in *The Topiary of Passchendaele* (2018); 'Sudden Jazz after Interesting Paperback' in *Al Otro Lado del Aguilar* (2011).

Peter Roberts: 'Night Owling' in *Night Owling* (2022); 'Mary Timney's Rope' in *No Stone Unturned* (2021); 'Revolution: 29th January 1969' in *Through The Lens* (2022); 'Morecambe Bay, 5th February 2004' in *Dreich* magazine, Issue 10 (2020).

Stewart Sanderson: 'Goshawk' in *The Scores* online journal; 'Flowering Hawthorn' in *Wild Court* 2021; 'The Crab Tribe' in *Berlin Lit* online journal.

Elizabeth Uter: 'Kali Goddess Inside' in *Womanhood* (2022); 'When Darkness Rushes In' in *Writing from Inlandia* (2021); 'How Many Feet?' in *BeWILDering Poems by Willesden Junction Poets* (2020).

Annie Wright: 'Orpiment' in *Dangerous Pursuit of Yellow* (2019); 'Winter Evening 1956' in *Artemis 29* magazine (2022) and in *Blood Oranges* (2022): 'Colourfuel' in manuscript.

Kelly Kaur: 'Unheard Stories' in *Singa, Literature in Singapore* No. 30 (2000); 'The Justice of Death' in manoscritto.

Christopher North: 'From an Armchair' e 'The Smudge of Andromeda' in *The Topiary of Passchendaele* (2018); 'Sudden Jazz after Interesting Paperback' in *Al Otro Lado del Aguilar* (2011).

Peter Roberts: 'Night Owling' in *Night Owling* (Dempsey and Windle), 2022; 'Mary Timney's Rope' in *No Stone Unturned* (2021); 'Revolution: 29th January 1969' in *Through The Lens* (2022); 'Morecambe Bay, 5th February 2004' nella rivista *Dreich* No.10, 2020.

Stewart Sanderson: 'Goshawk' nella rivista online *The Scores*; 'Flowering Hawthorn' in *Wild Court* 2021; 'The Crab Tribe' nella rivista online *Berlin Lit*.

Elizabeth Uter: 'Kali Goddess Inside' in *Womanhood* (2022); 'When Darkness Rushes In' in *Writing from Inlandia* (2021); 'How Many Feet?' in *BeWILDering Poems by Willesden Junction Poets* (2020).

Annie Wright: 'Orpiment' in *Dangerous Pursuit of Yellow* (2019); 'Winter Evening 1956' nella rivista *Artemis 29* (2022) and in *Blood Oranges* (2022): 'Colourfuel' in manoscritto (2000).

Ingram Content Group UK Ltd.
Milton Keynes UK
UKHW042013210623
423804UK00001B/4

9 781906 852658